KB019334

마음을
잘 써야
공부를
잘한다

공부를 잘하고 싶은 학생
잘 가르치고 싶은 학부모와 멘토들의 필독서

마음을 잘 써야 공부를 잘한다

소리산

내가 어린 시절 시골에서 자랄 때 공부는 학교에 가서 하는 것이었고, 집에 오면 자연과 함께 살았다. 그때 나의 마음은 '평화' 그 자체였다. 초등학교 3학년 때 대전으로 전학하며 스스로 공부를 하기 시작했다. 예습도 하고, 숙제도 하고, 시험도 보면서 집중하는 힘이 생겼다. 공부는 누가 시키지 않아도 스스로 열심히 했는데 중학교, 고등학교, 대학교를 거치는 사이에 공부의 원리를 하나둘 알게 되었다.

나는 내 마음 상태를 되돌아보는 습관이 있다. 나는 왜 누가 시키지 않아도 스스로 공부하고 있는가 생각해 보곤 했다. 공부하는 것은 누구나 다 힘들어 하는데 나는 공부가 힘들다는 생각을 해본 적이 없기 때문이다. 그러던 중 나는 그것은 내가 나를 이기고 있기 때문이라는 생각이 들었다. 그렇다면 나 자신을 이기는 힘은 어디서 생기는 것일까 생각해 보았다. 내가 나를 이기는 힘은 내가 나 자신을 믿는 마음에서 생긴 것이고, 힘든 일을 힘들다 생각하지 않는 것은 선생님을 공경하고 믿는 마음에서 나온 것임을 알 수 있었다. 나 자신을 믿는 마음에서 미지의 일을 대하여도 두려워하지 않을 수 있었고, 선생님을 공경하고 믿는 마음에서 어려운 숙제를 내주셔도 사량하고 분별하지 않았다. 생각해 보면 결국 내가 스스로 공부하는 힘을 가질 수 있었던 것은 나의 인성(人性)에서 비롯된 것임을 알 수 있었다. 인성은 마음 작용하는 습관이다. 그래서 그 마음 작용하는 습관을 관리하면 공부를 잘할 수 있다는 생각을 갖게 된 것이다.

　나는 내 마음 상태뿐만 아니라, 내 마음 작용 또한 되돌아보는 습관이 있다. 공부나 일을 하기 전에 어떤 방법으로 공부나 일을 할 것인가 그 방법을 가만히 생각해 보고, 일을 마친 후에는 일의 결과를 돌이켜 보아 그 방법을 개선하려는 습관이다. 그리고 한번 하기로 마음먹으면 꼭 그것을 해내려는 습관도 있다. 이러한 습관들이 모여서 나를 스스로 공부하도록 인도해 준 것이라 생각되었다. 이러한 생각들을 바탕으로 나는 누구나 참된 인성을 가꾸면 공부를 잘할 수 있다는 확신을 갖게 된 것이다. 내가 중학생 때 초등학생들을 가르쳐 본 일이 있다. 그때 아이들을 모아 놓고 "너희들 내가 시키는 대로만 하면 공부를 잘할 수 있다"라고 말하던 것이 생각난다. 이 말은 내 말을 믿고 그대로 마음을 작용하면 공부를 잘할 수 있다는 뜻이었다. 이에 대해서는 지금도 확신을 갖고 있다.

　나는 중학교 때까지는 안정된 마음의 바탕 아래 스스로의 열정으로 공부의 원리를 알아서 그 원리대로 공부하려고 노력했다. 그러나 고등학교에 들어와서는 판국이 달라졌다. 대학 입시라는 큰 명제가 앞에 놓이자 마음의 평화는 사라지고 오직 긴장과 집중만이 남게 된 것이다. 이 때에 스스로의 열정으로 하는 공부를 지속시키는 또 하나의 힘이 있음을 알게 되었다. 그것은 바로 '원대한 꿈'이었다.

　고등학교 2학년 쯤 철학적 사고를 하게 되었다. '나는 무엇을 위해 살아야 할 것인가?' '어떠한 삶이 가장 행복한 삶인가?' 하는 인생의 가장 본질적 문제를 생각하게 된 것이다. 그러한 사고 끝에 이러한 결론을 얻었다. '나는 나를 위해서 살지 말고 남을 위해서 살자. 그것이 가장 행복한 삶이다.' '남을 위한다고, 한 사람만 위하는 것이 아니라 모두를 위해 살자.' 이러한 생각을 하고 나자 그동안의 하늘은 아무것도 없는 것이었는데, 그 아무것도 없는 하늘이 사(私)가 없는 하늘로 바뀐 것이다. 또 생각을 이어 갔다. '어떻게 하면 사람들이 행복하게 살 수 있을까?' '마음을 잘 써야 참으로 행복하게 살 수 있다.' 그러면서 '나는 사람들이 마음을 잘 쓰게 하는 그 일을 하자'라고 생각하게 된 것이다.

나는 6.25 전쟁이 일어난 해 태어났다. 6.25 후에 혹독한 가난에 고통 받는 우리나라의 현실을 목격했기에 '우선 나라의 경제를 살려서 부강하게 한 다음에 나의 본래 목적한 일을 하자'라고 마음먹고 공과 대학 지원 의지를 확고히 하였다. 이것이 내가 고등학교 때 간직한 '원대한 꿈'이었다. 나의 일생을 돌아보면 이 때 간직한 꿈을 이루려고 살아온 것 같다. 고등학교 3학년 말에 담임 선생님이 서울대학교 기계공학과를 지원해 보라는 말씀을 하셔서 그대로 했더니 다행히 합격하게 되었다.

대학 시절에는 전공 공부하는 사이사이에 철학 책을 읽었다. 특히 동양의 고전 읽기를 좋아하였다. 유교의 경서(經書)를 읽었고, 불경도 읽었으며, 뒤에 원불교 교서도 탐독하였다. 그런데 내가 읽은 경서 속에 내가 품고 있던 '원대한 꿈'이나 우연히 발견한 '공부의 원리'가 너무나 명료하게 밝혀져 있는 것을 발견했다. 그때에 **마음을 잘 써야 공부를 잘한다**'는 명제가 떠올랐다.

1973년 서울대학교 기계공학과를 졸업하고 KAIST 1기로 입학하여 1979년에 기계 공학 박사 학위를 받았다. 기계 공학은 어려운 학문이었으나 나에게는 참으로 즐거운 학문이었다. 그 이유는 기계 공학이 우리나라를 가난에서 부강으로 이끌어 주는 학문이었기 때문이고, 기계 공학 공부나 연구를 잡고 시작하면 집중이 저절로 되었기 때문이다. 1980년 3월 고려대학교 기계 공학과에 조교수로 부임하여 2015년 8월 정년 퇴임하기까지 35년간 대학에서 기계 공학 교육과 연구에 집중하는 사이사이에 어떻게 하면 우리 청소년들과 대학생들에게 '**마음을 잘 써야 공부를 잘하고, 마음을 잘 써야 무엇이든 크게 이룰 수 있다**'는 원리를 가르쳐 줄 수 있을까 연구를 하게 되었다.

내가 가장 안타까웠던 것은 우리나라 교육이 입시 위주 교육, 암기 위주 교육으로 자력을 잃고 타력에 의존하는 것, 교육의 주체인 공교육이 힘을 잃고 사교육이 공교육이 담당할 영역을 침범하는 것, 부모의 경제력으로 자녀 교육의 질이 달라져 교육이 양극화되는 것이었다. 따라서 학생들이 사교육에 의존하지 않고 스스로의 힘으로 공부를 잘하게 하는 방법은 없을까 하는 연구를 시작하게 되었다. 내가 학생 시절에 얻은 공부의 원리와, 경서에 나타나 있는 공부의 원리를 종합하고, 현대 교육학의 원리를 접목시켜서 누구나 마음을 잘 쓰면 공부를 잘할 수 있는 공부법을 만들어 타력 위주의 우리나라 교육을 자력 위주의 교육으로 개혁해야겠다는 마음을 갖게 된 것이다.

그 기연이 찾아왔다. 서울대학교 대학원 교육학과 졸업생들을 만나 멘토링 교육법이 있다는 것을 알게 된 것이다. '마음으로 하는 공부'를 '**멘토링**'을 통해서 진행하면 그 목적한 바를 이룰 수 있다는 생각에 이르게 되었다.

2010년 서울대학교 대학원 교육학과 졸업생들과 내가 구상해 온 '마음으로 하는 공부'를 멘토링을 주체로 추진하는 '**원(願, 元, One)학습인성교육**' 프로그램을 개발하기 시작하였다. 원학습인성교육에서 원은 '원하는 대로 이루어지는,

으뜸 되고, 하나뿐인'이라는 의미이다. 프로그램 개발에 10년이 소요되었다. 이 프로그램은 '마음으로 하는 공부', '사고력', '집중력', '주의력', '창의사고력', '인성관리', '상생관계', '디지털디톡스', '진로탐색', '원대한 꿈' 10과목으로 구성되어 있다. 원학습인성교육은 '마음을 잘 써야 공부를 잘한다'는 교육 이념과 '자력으로 학습하는 능력' [① 스스로의 열정으로 공부하는 능력, ② 공부의 원리를 알아서 그 원리대로 공부하는 능력], '인성을 건전하고 바르게 관리하는 능력', '스스로 삶을 개척하는 능력'의 교육 목표와 '인성과 학습을 복합 증진하는 교육', '멘토가 먼저 실천하여 거짓 없는 진실로 가르치는 교육', '학부모·멘토·학생이 함께하는 교육'의 실현이라는 교육 정신을 가지고 있다.

프로그램이 완성될 즈음인 2019년에 소리산 출판사로부터 원학습인성교육을 대중화하기 위해 책자로 발간하자는 제의를 받아 2020년 6월에 집필을 시작해서 2022년 9월에 본 책자를 탈고하였다. 본 책자에는 원학습인성교육 전체를 포함하지 않고 그 중 핵심 과목인 '마음으로 하는 공부', '사고력', '집중력', '주의력', '인성관리', '진로탐색', '원대한 꿈'을 택하여 포함하였고, '학부모의 자녀 멘토링'을 첨부하였다. 본 책자에서는 학습과 인성의 원리를 학생들이 일견 이해할 수 있도록 간결한 시문(詩文) 형태로 서술한 후, 시문에 대한 설명문을 병기하였다. 시문과 설명문 사이사이에 그 내용들을 시각적으로 인지할 수 있도록 삽화를 삽입하고 프로그램을 실습할 수 있도록 워크시트를 수록하였다. 시문은 구독 대상을 청소년으로 하였고, 설명문은 대학생이나 학부모를 대상으로 하였으며, 삽화는 어린이를 대상으로 하였다.

학생 시절 공부할 때에 얻어진 공부의 원리들을 경서(經書)의 인용을 통해서

확고한 개념으로 만들었다. 본 책자가 학술 논문이 아니고 대중을 위해 쓴 책이기 때문에 인용한 참고 문헌을 일일이 다 열거하지는 않았다. 그러나 공부의 원리를 개념화하는데 핵심적으로 인용한 서적들은 말하지 않을 수 없다. '마음으로 하는 공부'의 중심 개념인 "근본이 서면 나아갈 길이 생긴다"는 『논어(論語)』 학이편에서 유자(有子)가 하신 말씀이고, "물(物)에는 본말(本末)이 있고 일(事)에는 종시(終始)가 있으니 선후를 알아서 순서대로 해야 한다"는 사고력의 중심 개념은 『대학(大學)』에 나오는 개념이다. 주의력의 중심 개념인 하기로 한 일을 잊지 않고 실행하는 '주의(注意)'의 개념과 '마음챙김'의 개념은 원불교 『정전(正典)』에 나오는 개념이다. 인성관리에서 나오는 '경계(境界)'는 불교에서 전통적으로 사용되어 온 개념이고, '일과 경계를 만나면 큼·작음·변화를 관찰하라'는 개념은 불교 유식학과 원불교학에서 나오는 개념이다.

이 책자가 청소년과 대학생들이 자력으로 학습하는 능력을 증진하는데, 그리고 학부모가 자녀를, 선생님이 학생을 '마음으로 하는 공부'로 인도하기 위해서 멘토링 하는 데 도움이 되기를 바란다. 이 책자로 인해서 우리나라의 공교육이 교육의 주권을 되찾고, 학생들이 학습의 자력을 되찾는 교육 개혁의 계기가 마련되기를 염원해 본다.

2022년 9월 20일
저자 최영돈

신의진
연세의대 소아청소년 정신건강의학과 교수
"현명한 부모는 자녀를 느리게 기른다", "아이심리백과" 등
다수 육아서의 저자

코로나 유행기를 겪고 나서 우리 이웃에 마음 건강의 문제로 고통을 받는 어른, 아이들이 넘쳐 나고 있다. 이전에도 경제적 압축 성장의 이면에 뒤처지면 끝장이라는 과도한 불안이 넘쳐 나는 사회였지만, 코로나 시대 이후는 자포자기 상태가 된 것 같다. 이런 상황에서도 유아를 둔 부모들은 영어 등 경쟁적 공부를 시키는 것이 제대로 육아하는 것이라고 오해를 하고 있다. 초등학교만 들어가면 부모들은 자기도 모르게 사교육에 과도하게 의존하면서 오히려 자녀 스스로 공부에 대한 흥미, 의미, 학습법을 개발하는 과정을 방해하고 있다.

공부하라고 하면 짜증 내고, 집중을 제대로 못하고, 자꾸 게임이나 디지털 세상에만 관심을 가지는 아이들이 소아정신과 진료실에 넘쳐 난다. 정신과 전문의로서 거의 30년간 아이들과 부모들을 치료해 오면서, 병원 치료 이외 부모와 아이들 마음을 붙잡아 주는 인성교육 프로그램의 필요성을 항상 느끼고 있었다. 그런 의미에서 내게는 이 책이 참으로 소중한 의미로 다가온다. 바쁜 워킹맘으로 어린 두 아들을 기르면서 깨달은 육아 지식을 저서를 통해 많은 부모님

들과 소통하면서, 아이들이 인생에 대한 목표를 스스로 세우고 이루어 나가도록 돕는 멘토가 왜 주변에 없을까 안타까웠었다. 이제야 최영돈 교수님의 책을 통해 인성교육과 학습법이 통합된 이런 멘토 역할이 가능할 것으로 기대한다.

개인적으로 최영돈 교수님의 온화한 미소 뒤에 숨겨진 진심과 열정이 고스란히 느껴져 읽는 내내 즐거웠다. 평소 '마음으로 하는 공부'를 제자들과 실천하시는 모습에 정신의학자로서 부럽고도 부끄러운 적이 많았다. 이 책 속의 마음 쓰는 법과 머리 쓰는 법을 공부 때문에 걱정인 아이들과 부모들이 실천한다면, 분명 행복해질 것이다.

안건
서울대학교 바이오엔지니어링 석사과정
MIT 뇌인지과학과 방문연구원
"세상에서 가장 행복한 나라, 핀란드" 저자
"공대에 가고 싶어졌습니다" 공저자
"인공지능 파이썬 기초다지기" 공저자
원학습인성교육 멘토

알 수 없는 공허함, 무언가가 결여되었다는 상실감, 내가 하고 있는 노력의 허무함을 느낄 때가 있다. 나는 그런 감정을 원하는 대학에 간 기쁨, 주위의 인정, 거의 무한한 자유 모두를 가진 서울대학교 2학년 때 느꼈다.

그때 '마음으로 하는 공부'의 근원적 힘 '원대한 꿈'을 처음으로 접했다. 좋은 삶을 넘어 위대한 삶을 꿈꾸라는 말에 내 가슴이 뛰었다. 뛰었던 가슴의 진동을 지금도 가끔 느낀다. 그 후 8년간 내 삶에는 항상 원대한 꿈이 자리했다. 8년 동안 목적지는 조금씩 달라졌지만, 원대한 꿈을 원료로 하는 마음의 불꽃은 꺼질 듯 꺼지지 않고 이어졌다.

원대한 꿈을 향해 나아가는 구체적인 나침반도 함께 얻었다. 좋아하는 것들의 공통점을 분석해 가슴을 설레게 하는 진로를 설계했다. 집중력을 길러 일에 능률을 높였다. 사고력을 통해 나의 하루를 효율적으로 경영했다. 주의력을 실천해 나와의 약속을 지켜 습관 개선을 했으며, 결과적으로 나를 믿을 수 있었다. 공부를 마음으로 즐기며 할 수 있었다.

결과적으로 세상에 도움이 되며, 사랑하는 일을 찾아, 가슴 뛰는 삶을 살 수 있게 되었다. 올 A+학기를 포함한 높은 학점, 3권의 책, MIT 뇌인지과학과 방문 연구원은 덤이었다.

이 책은 공부가 힘든 모든 학생들에게 공부에 대한 동기 부여와 구체적인 방법을 제시한다. 그런 학생들이 이 책을 읽고 마음에서 우러난 스스로 하는 공부를 할 수 있기를 기대한다. 나아가 학부모님과 선생님이 먼저 읽고 학생들에게 우리 함께 읽어 보자고 권하는 책이 되기를 기원한다.

CONTENTS

4 원대한 꿈과 이상을 가진 나, 세상을 바꿀 수 있다

공부는 마음으로 하는 것이다

어떻게 하면 공부를 잘할 수 있을까? 사람들은 보통 머리가 좋고 고품질의 맞춤형 과외 수업을 받아야 공부를 잘할 수 있다고 생각한다. 그러나 머리가 좋고 고품질의 맞춤형 과외 수업을 받는 것은 누구나 갈 수 있는 큰 길은 아니다. 그렇다면 누구나 갈 수 있는 공부 잘하는 큰 길은 무엇일까? 그것은 스스로 공부하고 싶은 열정으로 하는 공부이며, 공부의 원리를 깨달아서 그 원리대로 하는 공부이다.

　공부는 쉬운 일이 아니다. 공부를 잘하기 위해서는 오래오래 공부를 계속해야 하고, 온전히 공부에 몰입해야 하며, 공부를 효율적으로 해야 한다. 어느 것 하나 쉬운 일이 없다. 그 어려움을 극복하고 나아가려면, 공부에 필요한 원동력이 끊임없이 공급되어야 한다. 그 원동력은 스스로 공부하려는 열정에서 공급되고 그 열정은 마음에서 나온다. 원동력이 공급되지 않은 상태에서 학원이나 과외 수업 같은 외적인 힘만으로 하는 공부는 오래 지속하기 어렵고, 몰입하기도 어려우며, 효율이 나지도 않는다.

　공부를 오래 지속하고 공부에 몰입하는 것은 스스로 공부하고 싶은 열정으로 공부할 때 이루어지고, 공부의 효율성은 공부의 원리를 알아서 그 원리대로 공부할 때 얻어진다. 이러한 공부를 **'마음으로 하는 공부'**라고 한다. 그렇다면, 우리는 어떻게 스스로 공부하고 싶은 열정으로 공부의 원리를 깨달아서 효율적으로 공부할 수 있게 될까?

　'마음으로 하는 공부'는 열정으로 씨를 뿌리고 인성으로 결실을 거둔다. 누구나 공부에 결실을 거두고 싶어 한다. 그렇다면 **누가 최종적으로 공부에 가**

장 큰 결실을 거둘 것인가? 인성을 잘 가꾼 사람이다. 인성은 스스로 공부하려는 열정의 싹을 길러서 결실에 이르게 하기 때문이다. 인성은 사람의 성품이다. 사람의 타고난 본성은 누구나 다 맑고 깨끗한 것이다. 그러나 우리 각자의 인성은 마음을 쓰는 습관에 따라 다르게 형성된다. 그렇기 때문에 인성을 잘 가꾸려면 마음 쓰는 습관을 잘 가꾸어야 한다. 결국 마음 쓰는 법을 잘 가꾼 사람이 공부에 가장 큰 결실을 거둔다.

"마음을 잘 써야 공부를 잘한다."

"인성은 방치의 대상이 아니라 소중히 가꾸어야 할 대상이다." 인성을 방치하면 그 속에 결함이 생겨나고, 이 결함이 현실 속에서 문제를 일으킬 수도 있고, 내 인생의 앞길을 막는 장애물이 될 수도 있다. 학생들이 가지고 있는 공부의 문제는 다양하다. 공부하기가 싫고, 공부하기가 어렵고, 아무리 노력해도 공부에 진전이 없다고들 한다. 그러나 공부에 대한 이 모든 문제는 그 원인을 파헤쳐 들어가면, 결국 인성에서 비롯된 것임을 알게 된다. 사람들은 이 원리를 모르고 공부를 잘하기 위해 과외나 학원 같은 외적 힘에 의존하려고 한다. 그러나 인성에 뿌리한 문제들은 외적인 힘만으로는 해결할 수 없다. 그렇다면 이 문제들을 어떻게 해결할 것인가?

결국은 인성을 관리해야 한다. 인성을 관리해서 인성 속의 결함을 제거해야 그 문제가 해결될 수 있다. 인성을 관리하려면 마음 쓰는 법을 알아서 마음을 잘 써야 한다. 어떻게 마음을 잘 써서 공부를 잘할 것인가? 지금부터 그 여정을 떠나 보자.

어떻게 하면 식지 않는 열정으로 공부할 수 있을까?

시키지 않아도 잘하는 것들이 있다.
게임, 요리, 연애 등
누가 가르쳐 주지 않아도 마음이 시키니
스스로 방법을 찾아서 노력하고
경험으로 노하우를 체득해 나간다.
공부를 이렇게 한다면
세상에 기쁘지 않을 부모님은 없을 텐데…….

하지만 예전이나 지금이나
책상 앞에 앉은 학생들의 모습은 퍽 행복해 보이지는 않는다.
왜 그럴까?
공부를 하고 싶은 열정이 없기 때문이다.
마치 연애하는 것처럼
공부도 가슴 설레며
식지 않는 열정으로 할 수 있는 방법은 없을까?

마음을 잘 써야 공부를 잘한다

사람은 누구나 자기가 하고 싶은 일을 할 때에는 시키지 않아도 스스로 그 방법을 연구하여 길을 찾는다. 게임을 할 때, 맛있는 것을 먹기 위한 요리를 할 때, 젊은 남녀가 서로 사귈 때를 보라. 그 방법을 스스로 연구하여 찾아 간다. 그 일을 하면서도 힘들어 하지 않고 즐겁다. 그것은 그 일을 '마음으로' 하기 때문이다.

요즈음 학생들은 책상에 앉아 공부는 하지만 즐거워 보이지는 않는다. 그 이유는 스스로 하고 싶은 열정으로 공부하지 않기 때문이다. 공부 잘하는 방법을 찾으려고 노력하지 않는다. 학생이니 의무적으로 책상에 앉아 있고, 부여된 것이니 의무적으로 숙제를 하고, 진학해야 하니 의무적으로 시험을 보지만 그것만으로도 힘에 겹다. 즐거울 리가 없다. 의무로 하는 공부는 스스로 하고 싶은 열정으로 하는 공부가 아니기 때문에 결국 머리로만 공부한다. 그렇다면 '머리로 하는 공부'를 '마음으로 하는 공부'로 돌려서 가슴 설레며 식지 않는 열정으로 공부할 수 있는 방법은 없는 걸까?

공부는 마음으로 하는 것이다

공부를 잘하는 사람은 많지만
공부를 사랑하는 사람은 많지 않을 것이다.
아무리 보고 또 봐도
책상 앞에 앉은 학생들의 모습은 칙칙하다.
그들에게 공부를 왜 하느냐고 묻는다면
아마 이렇게 대답할 것이다.

부모님이 시켜서,
해야 하니까,
성적 잘 받으려고,
좋은 대학 가려고,
혹은, 그냥……

책상 앞에 앉은 아이들의 모습은
사실 머리가 커다랗고 가슴이 텅 빈 모습이다.
공부를 머리로 하고
의무로 하고 억지로 하기 때문이다.
하지만 누군가 나에게 묻는다면 이렇게 대답할 것이다.

공부는 마음으로 하는 것이라고 [1]

---

1 공부는 마음으로 하는 것이라는 개념은 새삶회에서 국가 교육 개혁을 목적으로 2010년 시작한 원학습코칭 프로그램에 나오는 '공부는 마음으로 하는 것이다', '마음으로 하는 공부의 실현', '마음을 잘 써야 공부를 잘한다'는 개념에서 비롯된 것이다. [최영돈. (2014). **원학습코칭 10기 공개설명회 자료집**. 서울: 새삶회]. (사)새마음새삶회가 행정안전부로부터 설립 인가 되면서 이 사업은 (사)새마음새삶회로 이관되어 프로그램명이 원학습인성코칭으로, 다시 원학습인성교육으로 개 칭되어 오늘에 이르고 있다. [최영돈. (2016). **제6회 원학습인성코칭 지도자 교육 메뉴얼**. 서울: (사)새마음새삶회]. '공부는 마음으로 하는 것이다'는 박성혁의 책에서도 핵심 개념으로 다루고 있다. [박성혁(2021). **이토록 공부가 재미있어지는 순 간**. 파주: 다산북스]

마음을 잘 써야 공부를 잘한다

공부에 대한 사랑 없이 의무로 하는 공부는 어느 정도 수준까지는 도달할 수 있어도 그 이상으로 나아가기는 어렵다. 공부를 잘하려면 매 순간 자신의 한계를 돌파해야 한다. 자신의 한계를 돌파할 수 있는 힘은 공부를 사랑할 때 나오고, 공부를 마음으로 할 때 나온다. 누군가 나에게 공부를 어떻게 해야 잘할 수 있냐고 묻는다면 이렇게 대답할 것이다. **'공부는 마음으로 하는 것이라고'.**

그렇다면 우리는 어떻게 마음으로 공부할 수 있을까?

그 키워드는 바로, 점화다.

마음에 불이 붙어야 식지 않는 열정으로 공부할 수 있다.

마음에 불이 붙으면 시키지 않아도 스스로 공부한다.

마음에 불이 붙으면 사실

비싼 돈 들여 가며 과외를 안 해도 된다.

그러나 문제는 우리의 마음에 불이 자꾸 꺼져 버리는 것이다.

모두가 열심히 하고 싶지만

마음에 불이 꺼지니 자꾸 지치고

과외나 학원에 의존하지 않고 혼자 공부하려고 해도

자신감이 없고 불안하다.

어떻게 하면 이런 우리의 마음에 불이 활활 붙을 수 있을까?

그 원리를 알면 간단하다.

불을 붙이는 것을 점화라고 한다.

점화의 원리는 바로

불은 옮겨 붙는다는 것이다.

마음을 잘 써야 공부를 잘한다

그렇다면 우리는 어떻게 마음으로 공부할 수 있을까? 마음에 불이 붙어야 한다. 과외 수업에서는 효율적인 공부법을 아이들에게 주입시키지만, 마음에 불이 붙어서 공부하는 사람은 효율적인 공부법을 스스로 연구해서 찾아낸다. 스스로 찾아낸 공부법만이 자신의 한계를 돌파할 수 있게 해 준다.

학생들도 때로는 마음에 불이 붙어서 스스로 공부하려고 노력한다. 그러나 문제는 그 마음의 불이 자꾸 꺼져 버리는 것이다. 공부를 열심히 하고 싶고, 잘하고도 싶은데, 자꾸 마음에 불이 꺼지니 지치기만 한다. 과외나 학원에 의존하지 않으면 자신감이 없고 불안하다.

이러한 학생에게 꺼지지 않는 마음의 불을 붙일 수 있는 방법은 없을까? 점화의 원리만 알면 간단하다. 점화의 원리는 '**불은 옮겨 붙는다**'는 것이다. 설사 불이 꺼지더라도 계속 옮겨 붙이면, 마음의 불은 지속될 수 있다.

사람과 사람 사이에
불이 금방 옮겨 붙는다면 좋겠지만
우리 마음속에
이 불이 옮겨 붙는 것을 막는
커다란 장벽이 있다.

그것은 바로 불신이다.

부모님에 대한 불신
선생님에 대한 불신
나 자신에 대한 불신이다.

이 불신의 장벽들은
눈에 보이진 않지만
우리들의 마음속에
상당히 두텁게 자리하고 있다.

　문제는 우리 마음속에 불이 옮겨 붙는 것을 막는 장벽이 있다는 것이다. 불이 옮겨 붙는 것을 가로막는 이 장벽만 제거한다면, 마음의 불은 끊임없이 지속될 것이다.

　그 장벽은 바로 '**불신**'이다. '부모님에 대한 불신', '선생님에 대한 불신', '나 자신에 대한 불신'이다. 불신에서 규정이 나오고, 규정에서 포기와 절망이 나오고, 포기하고 절망한 마음이 불을 옮겨 붙지 못하게 한다. 따라서 이 세 가지 불신이 내 마음에 불이 옮겨 붙는 것을 가로막는 근원적 장벽이다.

　우리의 마음속에 두텁게 자리 잡은 부모님에 대한 불신, 선생님에 대한 불신, 나 자신에 대한 불신을 신뢰로 돌이키면, 남녀노소 누구나 마음에 불을 옮겨 붙여 그 불이 활활 타오르게 할 수 있다.

솔직히
불 붙지 않은 상태로 공부해서 대학 가면
대학에 가서도 마찬가지다.
불 붙지 않고 공부한 사람이
이 세상을 더 나은 세상으로 변화시키는
위대한 사람으로 성장하기는 어렵다.

Good은 될 수 있어도 Great는 될 수 없는 것.
그 차이가 바로
불이 붙어서 공부하느냐 아니냐에 달려 있다.

신뢰는 견고한 금강(金剛) 같다.
금강이 그 어떤 단단한 것들도 부술 수 있는 것 같이
신뢰는 그 어떤 불신의 장벽도 제거할 수 있다.

우리가 내 안에 있는 견고한 금강으로
불신의 장벽을 제거하면
마음에 불이 활활 붙을 조건이 형성된다.
어떻게 내 안의 금강을 찾아서
불신의 장벽을 부수고
마음에 불을 붙일 수 있을까?

마음을 잘 써야 공부를 잘한다

　마음에 불이 붙지 않은 채 과외나 학원 같은 타력에 의존해 공부를 하더라
도 대학에 들어갈 수는 있다. 하지만 그러한 사람은 십중팔구 대학에 가서도
마음에 불이 붙어 공부하지는 않는다. 스스로의 열정으로 공부하는 법을 익
히지 않았기 때문이다. 스스로의 열정이 없이 공부하는 사람은 좋은(Good) 사
람은 될 수 있어도 이 세상을 더 나은 세상으로 변화시키는 위대한(Great) 사
람이 되기는 어렵다.

부모님 마음으로 사랑하기

청소년기에 부모님과 사이가 좋은 학생들이 있다면
자녀보다도 그 부모님들에게 상을 주고 싶다.

흔히 부모들은
잔소리꾼
나를 간섭하고 가두는 사람
피해야 할 귀찮은 존재로
자녀들의 마음에 인식된다.

슬프겠지만 사실이다.
그리고 부모 스스로가 스스로를 그렇게 만든다.

열심히 공부하려고 불씨가 켜지는 것 같다가도
집에 와서 엄마 아빠의 잔소리를 들으면
금방 그 불씨는 꺼지고 만다.

물론 자녀를 지극히 사랑해서
자녀를 위해 가르치려 한 것이지만
불씨를 꺼 버리는 지도는 하지 않음만 못하다.

마음을 잘 써야 공부를 잘한다

자녀들이 혹 열심히 공부해 보려는 불씨가 마음에 일어났다가도, 집에 와서 엄마 아빠에게 잔소리를 들으면 금방 그 불씨가 꺼지고 만다. 물론 그 잔소리는 자녀를 지극히 사랑하는 마음에서 하는 것이고, 삶의 풍부한 경험을 알려 주기 위한 것이지만 자녀는 그렇게 받아들이지 않는다. 자녀들의 마음에 부모에 대한 불신의 장벽이 두텁게 쳐 있기 때문이다. 이 불신의 장벽이 쳐 있는 한 부모의 잔소리 뒤에 숨어 있는 본의는 전달되지 않는다. 이러한 잔소리는 하지 않음만 못하다.

공부를 잘하고 싶은 학생들은
때론 자신이 공부 못하는 원인이
부모 때문이라고 생각한다.
좀 더 부유한 집에 태어나지 못해서
좀 더 사이가 좋은 부모를 만나지 못해서
좀 더 나를 믿어 주는 부모를 만나지 못해서

부모는
우리들이 태어난 순간부터 우주 그 자체다.
우리들에게 주어진 세계관이고 가치관이다.

부모는 나에게 당연히
사랑을 베풀어야 하는 존재로 생각한다.

어떻게 하면
아이들의 마음에 형성되고 있는
부모에 대한 불신의 장벽을 제거할 수 있을까?

공부를 잘하고 싶은 학생들은 종종 자신이 공부를 잘 못하는 원인이 부모에게 있다고 생각한다. 좀 더 부유한 집에 태어나지 못해서, 좀 더 사이가 좋은 부모를 만나지 못해서, 좀 더 나를 믿어 주는 부모를 만나지 못해서, 혹은 공부하라는 부모의 잔소리에 대한 반발심에 공부가 더 하기 싫다고 한다. 이 모든 생각들이 모여서 부모를 불신하는 장벽을 만들어 간다. 어떻게 하면 자녀의 마음에 형성되고 있는 이 모든 불신의 장벽을 제거할 수 있을까? 부모의 잔소리 속에서도 부모의 본의를 발견하고, 낳아서 길러 주고 가르쳐 주신 부모의 은혜를 알아, 부모를 마음으로 사랑하는 아이로 기를 수는 없을까?

아이들은 자라면서
자신을 낳고 기르고 가르쳐 주신
부모의 은혜를 깊이 느끼지 못하고 부모를 점점 멀리하게 된다.
같은 공간에 살지만 보이지 않는 벽으로 인해
부모와 자녀는 두 세계로 분리되었다.

이 두 세계를 건널 수 있는 다리가 있다.
부모는 자녀에게 자신의 역사를 말해 주고
자녀는 그 이야기를 통해 지금의 부모로서의 모습이 아닌
나와 같았던 한 명의 학생, 소년 소녀의 모습으로
하나의 세계에서 부모와 만나는 것.

그것은 대화이다.

마음을 잘 써야 공부를 잘한다

전통적인 농경사회에서는 가족이 모두 함께 먹고 함께 일하는, 하나의 공동체로서의 삶을 살아가며 속 깊은 대화를 나누었다. 그러나 현대의 바쁜 일상 속에서 부모와 자녀 사이에는 점차 속 깊은 마음의 대화가 단절되기 시작했다. 부모와 자녀 사이에 오가는 대화는 함께 생활하기 위해 필요한 최소한의 것에 국한될 뿐이다. 이러는 사이에 부모의 마음속에 펼쳐진 세계와 자녀의 마음속 세계는 서로 다른 두 개의 세계가 되었다.

　　자녀가 어릴 때에는 부모의 말씀을 순순히 따른다. 그러나 자녀가 자라나 성장기에 접어들면 부모와 자녀의 서로 다른 두 개의 세계가 충돌을 일으킨다. 서로가 서로를 이해하지 못하고 불신하는 장벽만 두텁게 세워진다. 그렇다면 과연 이 불신의 장벽을 허물고 부모와 자녀가 서로 연결된 하나의 세계에서 서로 신뢰하고, 마음과 마음이 소통하며 살 수 있는 방법은 없는 것일까?

부모님에게도 각자 자신만의 역사가 있다.
우리의 어머니 아버지이기 전,
부모님들도 학생이었고
우리처럼 사랑 받고 자라던
누군가의 아들, 딸이었다.
그러나 그들은 어느 날 갑자기 부모가 되었다.
누구도 부모가 되는 법을 알려 주지 않았다.

그래서 거꾸로
질문을 해 보는 것이다.

누군가의 자녀로서
사랑 받고 공부하던
그 시절에
당신은 어떤 사람이었냐고
어떤 일이 있었고
언제 가장 행복했냐고
그리고 그때에 지금의 미래를 향해
어떤 꿈을 꾸고 있었냐고

마음을 잘 써야 공부를 잘한다

　부모가 자신의 역사를 자녀에게 이야기해 주면 부모와 자녀 사이에 드리워진 불신의 장벽이 무너진다. 하나의 세계에서 마음과 마음이 서로 만나게 된다. 부모는 자녀에게 "나도 누군가의 자식으로 사랑 받고 공부하고 자라나며 살아온 역사가 있었노라"고, 자상하게 이야기해 주어야 한다.[2] 현실의 일상이 아무리 바쁘더라도 이 같은 시간을 내야 한다. 나는 언제 가장 행복했는지, 그때 미래를 향해 어떤 꿈을 꾸었는지, 말해 주어야 한다. 이러한 자신의 역사를 부모가 직접 청소년기의 자녀에게 말해 주는 것이 가장 좋다. 그러면 자녀는 부모의 불합리해 보이는 말과 행동도 한 역사의 산물임을 알게 된다. 부록 1, 2

---

[2] 부모님뿐 아니라 선생님도 학생들에게 '부모님의 역사 인터뷰'를 숙제로 내주어 부모와 자녀가 하나의 세계에서 만나게 해줄 수 있다.

이러한 노력들이 신기한 건
묻는 사람이나 답하는 사람이나
그 마음에 똑같은 감동과 열정이 자라난다는 것이다.
그래서 마음의 불씨는 이곳에서 저곳으로
계속해서 퍼져 나가게 된다.

완벽한 부모는 없지만
노력하는 부모는 있다.
부모로서의 권위를 내려놓고
자신의 과거 이야기를 들려줄 때
어느 순간 아이들의 마음속엔
두터운 벽 하나가 무너진다.

눈 앞에 보이는 부모의 모습이 아닌
변화하는 삶과 역사로서 부모를 바라보니
서로가 만날 수 있는 지점이 생겼고
그 삶이 이해가 되기 시작하고

곧 그것은
자신의 미래가 될지도 모른다는
생각이 들기 시작한다.

마음을 잘 써야 공부를 잘한다

이렇듯 부모는 자녀에게 종종 자신의 역사를 말해 주는 것이 좋다. 부모의 역사를 알면 자녀에게는 새로운 눈이 열린다. 불합리해 보이던 부모의 말과 행동이 역사 속에서 만들어진 것임을 이해하게 된다. 또한 눈으로 보이는 행동과 귀로 들리는 말의 이면에 부모의 진심이 녹아 있는 것을 알게 된다. 거칠게 나오는 부모의 말 뒤에 사랑이 감춰져 있는 것을 알게 된다. 자녀가 부모의 본의를 알게 되면 자녀의 마음에 두텁게 자리하고 있는 불신의 장벽이 무너질 수 있다. 그렇게 되면 부모와 자녀는 진심으로 소통하게 되고, 자녀의 마음에는 불이 옮겨 붙을 수 있는 점화의 조건이 형성된다. 부모와 자녀 사이에 마음의 문이 열리면 자녀는 부모가 잔소리를 해도 그 뒤에 숨은 본의를 알아듣는 귀가 열린다.

우리의 눈으로 보는 행동들
귀로 들리는 말들의 이면엔
부모님의 진심이 녹아 있다.
거칠게 나오는 언어들 이면에 감춰진 사랑,
우리가 그 본의를 알게 될 때
부모님과의 진심소통이 시작되는 것이다.

거친 언어의 부모님 지도 속에서
부모님의 본의를 발견하는 방법은
한 생각을 잘 돌리는 데 있다.

거친 언어의 부모님 지도를 들을 때마다
요란해지려는 마음 작용을 일단 멈추고
본래 온전한 정신을 돌이킨 후

왜 저런 말씀을 하실까?
부모님의 본의가 무엇일까?
언어들 이면에 감춰진 부모님의 본마음을
생각해 보는 것이다.

마음을 잘 써야 공부를 잘한다

부모와 자녀 사이에 가장 불신이 깊어지는 것은 자녀가 무슨 잘못을 해서 부모가 거친 언어 혹은 잔소리로 지도할 때이다. 이러한 지도는 자녀를 변화시키지 못할 뿐 아니라 자녀의 부모에 대한 불신만 커지게 한다. 이러한 경우의 부모의 자녀 지도법에 대해 제4장의 '학부모의 자녀 멘토링' 절에서 자세히 설명하였다. 이때에 자녀의 마음 작용을 어떻게 관리하게 해야 부모와의 불신의 장벽을 넘어서 **'진심소통'**으로 인도할 수 있을까? 그 방법은 제3장 인성관리에 설명되어 있는데, 부모님의 거친 언어의 지도를 들을 때마다 마음 작용을 일단 멈추고 온전한 정신을 돌이킨 후 '왜 저런 말씀을 하실까?' '부모님의 본의가 무엇일까?' 하고 언어들 이면에 감춰진 부모님의 본디 마음을 생각해 보는 것이다.

선생님 마음으로 공경하기

인생은 가르침과 배움의 연속이다.
어떻게 가르치고 배우는가는
우리 사회의 미래를 결정짓는
중요한 요소이다.

과거에, 학교라는 공간은
우리 인생의 첫 사회이자
배움의 전당이었다.

그러기에 선생님은
두려움과 경외심,
그리고 가르침을 주시는
절대적인 권위의 대상이었다.

배움의 기회는 귀한 것이었고
배우고자 하는 열의로 학교에 모인 학생들에게
소중한 가르침을 주시는 선생님은
믿음과 공경의 대상이었다.

마음을 잘 써야 공부를 잘한다

　우리나라에 근대적 교육 기관이 처음 세워진 것은 1880년대 들어서이다. 원산학사가 처음 세워졌고 연이어 배재학당, 이화학당이 세워졌다. 물론 그 이전에도 서당에서 성균관까지 다양한 교육 기관이 있었다. 그러나 배움의 기회는 신분의 차이, 남녀의 구분에 따라 차별적으로 주어졌다. 근대의 학교가 중요한 의미를 갖는 것은 신분의 차이와 남녀의 구분 없이 모두에게 교육의 기회를 평등하게 열어 주었기 때문이다. 근대의 학교는 평등하고 신성한 배움의 전당이었고, 배우고자 하는 열의로 학교에 모인 학생들에게 소중한 가르침을 주시는 선생님은 공경과 믿음의 대상이었다.

하지만 지금은 학교 선생님의 권위가
몹시도 위태로워진 것 같다.
사교육이라는 거대하고 막강한 시스템이
교육의 영역을 침범해 오면서
가르침은 흔한 것이 되었고
절대적이었던 선생님의 권위는 떨어져 버렸다.
학교는 배움이 빠진 채 통과 의례만 남은
텅 비고 공허한 곳으로 변해 가고 있다.

마음을 잘 써야 공부를 잘한다

하지만 지금은 학교 선생님의 권위가 대단히 위태로워진 것 같다. 사교육이 날로 번성하고 공교육의 힘은 점점 쇠약해져서 청소년 교육이 사교육 위주로 흘러가고 있는 것이 현실이다. 사교육의 가장 큰 문제는 교육에 있어서 배움과 익힘의 균형을 깨뜨린 것이다. 참된 교육은 선생님께 성심(誠心)으로 배우고 그 배운 것을 다시 익혀 공부하는 데 있다.

그러나 사교육의 확장은 학생들에게 학교에서 배운 것을 다시 익힐 시간을 빼앗아 갔다. 학생들은 학교에서 배운 것을 스스로 복습하려 하지 않고, 학원에 가서 또 다시 가르침을 받음으로써 복습을 대신하려 한다. 이것이 습관이 되어 버린 학생들은 시간이 있어도 스스로 복습하려 하지 않는다. 선생님께 배운 것을 스스로 다시 익히지 않으니 선생님은 가르침을 주는 소중한 존재가 아니라 지식의 전달자로, 학교는 배움의 전당이 아니라 통과 의례만 남은 공허한 공간으로 변하고 있다. 학생들의 자력학습능력은 점점 약해지고, 모든 지식을 타율적인 가르침에 의존하여 얻으려 하는 기형적 학습 구조가 형성되어 가고 있다. 이것은 국가의 미래를 매우 어둡게 하는 현상이다. 하루 빨리 교육의 주체를 사교육에서 공교육으로 돌려놓는 작업이 시작되어야 한다. 그 중심에 **마음으로 하는 공부**가 있다.

이러한 현실 속에서
여전히 학교 선생님의 권위를 유지시켜 주는
장치가 있다면
바로 시험일 것이다.
분명 시험 문제는 학교 선생님의 생각에서 나오는데
아이러니하게도 학생들은 그 문제를 풀기 위해
비싼 돈을 들여 가며
학원이나 과외를 통해
다른 선생님으로부터 가르침을 얻는다.

선생님에게 배우려 하지 않는 마음의 기저에는
선생님을 공경하지 않는 마음이 있다.
하지만 산 나무라야 따뜻한 햇볕을 받고 자라듯
공경이 없는 배움에서는
선생님의 가르침이 전달될 수 없다.
선생님을 마음으로 공경해야
그 가르침이 전달되고
그 본의가 전달되어 진정한 배움이 이루어진다.
선생님을 공경하는 방법은
평범하고 간단한 데에 있다.

그 비밀은
예습-학습-복습을 정성으로 하는 것이다.

마음을 잘 써야 공부를 잘한다

배움은 선생님을 공경하는 데서부터 출발해야 한다. 왜냐하면 근본을 먼저 세우는 것이 문제 해결의 원칙이며, 선생님에 대한 공경이 배움의 근본이기 때문이다. 학생이 선생님을 마음으로 공경해야 선생님이 가르치려는 본의가 학생에게 전달된다. 이러한 배움이 실현될 때 우리나라의 공교육은 다시 살아날 수 있다.

선생님을 공경하는 길은 의외로 간단하다. 공경(恭敬)에서 "恭"은 용과 같이 귀한 것을 마음을 다해 받드는 모습에서 유래했고, 경(敬)자에서 "苟"은 귀를 쫑긋 세운 개의 모습에서 유래했다고 한다.[3] 즉 선생님을 공경한다는 것은 선생님의 말씀을 마음을 다해 받들고 귀 기울여 듣는 것을 의미한다.

---

3 신동윤. (연도미상). **한자로드**(路).

선생님을 최대로 공경하는 법은
수업 시간에 집중하는 것이다.

수업 시간에 집중하지 않고
선생님의 가르침을 온전히 받아 갈 수는 없다.
수업 시간에 집중력을 극대화하는 것은
잘 배우는 첫째 전략이다.

수업 시간에 집중을 잘하려면
배울 것을 스스로 예습해 오면 된다.
다음 날 배울 것을 전날 스스로 예습하면
수업 시간에 새로운 세계가 펼쳐진다.
선생님 말씀이 귀에 쏙쏙 들어오고 집중이 저절로 된다.

그리고 그 집중력을 정점에 올리려면
그날 수업 시간에 배운 것을 당일에 복습해야 한다.
그렇게 복습한 내용은 오래도록 잊혀지지 않는다.

결국 집중력 증진은 선생님 공경으로 극대화된다.

마음을 잘 써야 공부를 잘한다

선생님의 말씀을 잘 받들려면 다음날 배울 것을 전날 스스로 예습하고, 수업 시간에는 온통 집중하여 귀 기울여 듣고, 집에 돌아와서는 그날 배운 것을 당일에 복습해야 한다. 요즈음 학생들은 학원에서 선행 학습으로 예습을 대신하고, 학교에서 배운 것을 학원에서 한 번 더 배움으로써 복습을 대신하려 한다. 선행 학습과 스스로 하는 예습, 반복 학습과 스스로 하는 복습은 비슷한 것 같지만 서로 다르다. 무엇이 다른가? 학원에서의 선행 학습이나 반복 학습에는 학교 선생님을 공경하는 정신이 없으나 스스로 예습하고 복습하는 데에는 학교 선생님을 공경하는 정신이 담겨 있다. **예습·학습·복습**의 이 간단한 과정은 모든 학생들에게 공통적으로 적용될 수 있는, 선생님을 가장 공경하는 길이다. 이 길은 시대가 변해도 변하지 않는 공부 잘하는 방법이자 **'마음으로 하는 공부'**의 길이다. 물론 이 길은 쉽지는 않다. 꾸준한 정성이 필요하기 때문이다.

공자는 논어에서 학습(學習)의 즐거움을 말했다.
"배우고 때때로 익히면 이 또한 즐겁지 아니한가?"
'마음으로 하는 공부'는 학습의 즐거움을 넘어서서
학오습(學悟習)의 즐거움을 말한다.
"배우고 깨달아서 때때로 익히면
이 또한 즐겁지 아니한가?"

자력학습의 이상적인 모습은 학(學)과 습(習)의 균형을 넘어서
학(學)과 오(悟)와 습(習)이 균형을 이루는 것이다.

그러나 현재는 사교육이 공교육의 영역을 침범하면서
학오습의 균형을 실현하려는 전략 수행에 큰 문제가 생겼다.
요즘의 학생들에게는 배움만 있고 깨달음과 익힘은 사라졌다.

학생들이 스스로 예습하고 복습할 시간을
과외와 학원 시간이 대체해 버렸다.
자율적으로 예습하고 복습할 시간 자체가
없어진 것이다.

학교에서 배우고, 학원에서 또 배우고
스스로 익힘이 없으니 공부의 원리에 대한
깨달음이 생겨날 리 없다.

마음을 잘 써야 공부를 잘한다

자력학습은 학(學), 즉 '배움'과 습(習), 즉 '익힘'이 균형을 이루는 것을 말한다. 그리고 여기에 중요한 것 하나가 더 추가되어야 하는데, 그것은 바로 오(悟), 즉 공부의 원리에 대한 깨달음이다. 공자는 논어에서 **학습(學習)**의 즐거움을 말했다. 그러나 **'마음으로 하는 공부'**는 학습의 즐거움을 넘어서서 **학오습(學悟習)**의 즐거움을 말한다. 배움과 깨달음에 바탕해서 익히면 더 한층 즐겁기 때문이다. 공경과 정성으로 배움과 익힘을 반복하다 보면 공부의 원리에 대한 자각이 일어나게 된다. 공부의 원리에 대한 자각에 바탕하여 배움과 익힘을 균형 있게 하다 보면 공부가 즐겁게 된다. 공부가 즐거우면 스스로 공부하려는 열정이 지속되어 공부의 결실을 얻게 된다. 따라서 **학오습의 균형**은 '마음으로 하는 공부'를 실현하는 길이다.

학교 선생님에 대한 신뢰와 공경이 단절된
이 기형적 교육의 수레바퀴를
누가 만들었으며
과연 누구의 책임으로 돌릴 것인가.

현재 교육의 기형적 구조의 문제는
여러 가지 원인이 있지만
학생과 학부모가 공부의 원리를
알지 못하는 데 가장 큰 원인이 있다.

그날 배울 것을 전날 스스로 예습하고
수업 시간에 집중하고
그날이 가기 전에 그날 배운 것을 스스로 복습하는 것이
공부를 잘하는 첫째 원리이자
선생님을 최고로 공경하는 길이다.

그렇다면 이렇게 선생님을 공경함으로써
공부의 효율을 극대화하고
나아가 학교를
'통과 의례'가 아닌 배움의 전당으로 돌려놓는 일을
누가 할 수 있을까?

그 원리를 깨달은 사람이
먼저 시작해야 하지 않을까?

마음을 잘 써야 공부를 잘한다

사교육의 세력 확장으로 만들어진 이 기형적 교육의 순환의 바퀴는 누가 만들었으며, 누구의 책임으로 돌릴 것인가. 이는 학생과 학부모가 공부의 첫째 원리인 집중력 증진의 원리를 모르는 데서 비롯된 것이다.

집중력의 원리는 간단하다. 자신이 공경하는 사람의 말과 가르침에는 집중이 잘 되고, 공경하지 않는 사람의 말과 가르침에는 집중이 잘 되지 않는 것이다. 따라서 집중력을 극대화하여 공부를 잘하려면 선생님을 지극히 공경해야 한다. 선생님을 지극히 공경하는 방법은 특별한 데 있는 것이 아니라 **배울 것을 미리 예습하고, 수업 시간에는 집중하며, 그날이 가기 전에 그날 배운 것을 스스로 복습하는 데**에 있다. 이 방법은 아무리 시간이 많이 흘러도 변하지 않는, 공부 잘하는 첫째 원리이다. 이 원리를 깨달은 사람은 '마음으로 하는 공부'의 길을 잡은 사람이며 학교 교육을 참 교육으로 돌려놓는 주인공이 될 것이다.

'마음으로 하는 공부'는 선생님을 지극히 공경하면 집중력이 극대화된다는 원리를 알아서 학원 교육이나 과외 교육에 의존하지 않고 예습·학습·복습의 원리를 따라 공부하는 것이다. 이 공부의 길을 잡은 학생은 즐거운 마음으로 공부할 수 있고, 스스로 자신의 운명을 개척할 수 있다.

나 자신의 무한한 가능성 믿기

모든 불신의 바탕에는
나 자신에 대한 불신이 자리 잡고 있다.
우리는 의외로 나 자신에게
무한한 가능성이 있다는 것을 믿지 못한다.
그런 불신의 마음에서
규정이 생겨난다.

마음을 잘 써야 공부를 잘한다

모든 불신의 바탕에는 나 자신에 대한 불신이 자리 잡고 있다. 즉 자신에 대한 불신은 모든 불신의 뿌리이다. 자신에 대한 불신에서 스스로에 대한 '**규정**'이 나온다. "나는 수학을 못하는 사람이야." 이것은 수학의 원리를 이해하여 문제를 풀 수 있는 자신의 능력에 대한 불신에서 나온 규정이다. 일단 어느 방면에서 자신에 대한 규정이 형성되고 보면, 그 규정은 자신에 대한 불신을 더욱 공고히 하며, 더 이상 그 방면에서 나아가지 못하게 통제한다. 결국 그 방면에서 전진해 나아가는 것을 포기하게 하고, 절망에 이르게 한다. 절망은 마음이 죽는 것을 뜻한다. 공부할 때 가장 무서운 것은 마음이 죽는 것이다. 공부에 대해 절망하여 마음이 죽은 학생, 희망이 끊어진 학생의 마음을 다시 살려 내는 것은 '**마음으로 하는 공부**'가 성공하기 위해 해결해야 할 가장 큰 과제이다. 그러나 방법이 없지는 않다. 사람의 마음이 포기와 절망에 이르는 과정과 원리를 알면, 그 속에 해결의 원리도 숨어 있기 때문이다.

그 원리가 무엇일까? 포기와 절망은 자신에 대한 불신에서 형성된 '규정'에서 비롯된다. 그러므로 먼저 그 규정을 깨 버려야 포기와 절망도 사라지고, 자신에 대한 불신도 사라지게 된다.

나는 수학을 못해! 하던 아이

수학을 싫어하던 한 아이가 있었다.[4]
그 아이는
수학만 생각하면 가슴이 답답하고 머리가 까매졌다.
문제를 조금 풀어 보다가도
쉽게 답안지를 들춰 보거나
어느새 문제집을 덮곤 했다.

그러던 어느 날,
수학 문제를 풀기 위해
책상 앞에 앉은 아이는
갑자기 이렇게 외쳤다.

"아니야!"

그러더니 이내
미소를 띤 채
문제를 다시 풀기 시작했다.

아이에게 무슨 일이 일어난 것일까?

---

4 이 예시는 실제 원학습인성교육을 받은 학생의 실화를 바탕으로 구성되었다.

마음을 잘 써야 공부를 잘한다

30cm 이상을 뛸 수 있는 벼룩도
유리컵 안에 한참을 가둬 놓으면
나중에 유리컵을 치워도
유리컵만큼의 높이까지만 계속 뛰게 되고

어린 코끼리에게
목줄을 묶어 말뚝에 박아 키우면
나중에 목줄을 풀어도
그 목줄 길이의 반경을
벗어나지 못한다고 한다.

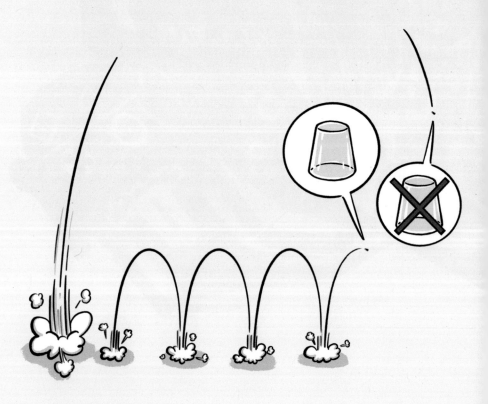

마음을 잘 써야 공부를 잘한다

그렇다면 먼저 규정의 위력에 대해 알아보자. 영국의 곤충학자 미리엄 로스차일드(Miriam Rothschild)는 자기 몸 길이의 100배인 30cm 이상 뛰어 오르는 벼룩을 10cm 높이의 유리컵에 가둬 놓으면 나중에는 유리컵을 치워도 계속 유리컵만큼의 높이까지만 뛰게 된다는 사실을 발견했다.[5] 이와 비슷하게 어린 코끼리에게 목줄을 묶어 말뚝에 박아 키우면, 나중에 목줄을 풀어도 그 반경을 벗어나지 못하더라는 관찰 사례도 있다. 이와 비슷하게 **'규정'**은 사람이 스스로 만든 한계를 뛰어넘을 수 없게 만든다. 그래서 규정을 **'마음의 유리컵'**이라고 한다.

---

5 김원배. (2019). [테스크라인] 유리컵에 갇힌 벼룩. **전자신문.** https://www.etnews.com/20190422000378

사람도 마찬가지다.

우리는 우리 자신에 대한

보이지 않는 규정을 만들어 놓고

그것이 진짜라고 믿는다.

나를 '이렇다' '저렇다'라는 틀 속에 고정시켜 버리는 규정은

나의 무한한 가능성을 가둬 버리는 마음의 유리컵이다.

나는 게으른 사람…

나는 공부를 못하는 사람…

나는 화를 잘 내는 사람…

이렇게 우리는 저마다의 규정으로 투명한 장벽을 만들고

그 안에 자신의

무한한 가능성을 가둔 채 살아간다.

긍정적인 규정 역시 예외는 아니다.

'나는 무언가를 잘하는 사람'이라는 규정이 있을 때

그 분야에서 실수를 하거나

남들 앞에서 못하는 모습을 보이게 되면

더욱 자신을 불신하는 마음이 들 수도 있다.

규정은 자기 자신에 대한 불신에서 나온다.

그리고 그 규정에서 포기와 절망이 나온다.

부정적인 규정도 긍정적인 규정도

결국 우리의 무한한 가능성을 막는 장벽이 될 수 있다.

마음을 잘 써야 공부를 잘한다

　눈에 보이지는 않지만, 자신에 대한 규정을 만들어 놓으면 자신의 능력은 그 규정을 벗어나지 못한다. 사람들은 자신이 만들어 놓은 규정 속에 자신의 무한한 잠재력을 가둔 채 살아간다. '**나는 게으른 사람**', '**나는 공부를 못하는 사람**', '**나는 화를 잘 내는 사람**' 등 저마다의 규정을 만들어 놓고 그 규정을 평계 삼아 습관을 고치려 하지 않는다. 그러므로 규정은 자신의 무한한 가능성을 가로막는 장벽이며, 마음의 유리컵이다. 잘하는 것에 대해서도 예외는 아니다. '**나는 영어를 잘하는 사람**'이라는 규정이 있을 때 다른 사람들 앞에서 영어 단어를 잘못 말하거나 문법적인 실수를 하는 등 영어를 못하는 모습을 보이면 그 규정으로 인해 자신을 불신하는 마음이 더 크게 들 수 있다.

그렇다면 우리는 어떻게 이 마음의 규정을 없애고
장벽을 부술 수 있을까?

우선, 우리는 우리 자신에게 질문해 볼 필요가 있다.
나는 어떤 존재인가?
내가 어떤 존재인가를 자각하는 순간
자신에 대한 불신의 장벽은 무너질 수 있다.

내 자신을 자세히 살펴보자.
"나는 이런 사람이야"라고 규정하는 순간
그렇지 않은 또 다른 내 모습이 발견된다.
그렇다면 아니라는 그것이 나인가 하면,
그것 또한 아니다.
나를 무엇이라고 말할 수가 없다.

그래서
나는 나를
이렇게 말해 보고자 한다.

"그것도 아니고, 아니라는 것도 또한 아니다."

마음을 잘 써야 공부를 잘한다

그렇다면 어떻게 자기가 스스로 만들어 자신을 가두고 있는 규정을 깨부술 수 있을까? '나는 어떤 존재인가'를 자각하면 된다. 과연 나는 어떤 존재인가. **"그것도 아니고, 아니라는 것도 또한 아니다."** 이것이 무슨 뜻일까? '나는 이것이다' 하면 그것이 아니라는 것이며, 아니라는 그것도 아니고 아니라는 뜻이다. 예를 들어 보자. '나는 게으른 사람이다' 하면 그것이 아니라는 것이다. 게으를 때도 있지만, 마음만 먹으면 게으르지 않을 수도 있기 때문이다. 그러면, 내가 게으르지 않은 사람인가 하면 그것도 아니라는 것이다. 실제로 현재는 게으르기 때문이다. 그렇다면 나는 어떤 존재인가! '게으른 사람도, 게으르지 않은 사람도 아닌 존재'이다. 그러므로 나는 '무엇이라고 규정할 수 없는 존재'이다. 그렇다고 '나는 무엇이라고 규정할 수 없는 존재이다'라고 해서도 안 된다. 이 역시 규정이기 때문이다. 그러면 대체 어떻게 해야 하는가?

우리가 나는 이런 사람이라고 규정하는 순간
우리는 그만큼의 사람밖에 되지 못한다.
보이지 않지만
무서운 위력을 지닌 규정이
우리의 무한한 가능성을 축소시킨다.

나는 역시 못해…
나는 여전히 이래…
나는 이런 사람이야…라고 올라오는 한 생각을
그 순간 강하게 부정(不定)하는 것
그 부정은
마음의 유리컵을 깨뜨려
스스로의 무한한 가능성을 활짝 열고
나 자신에 대한 믿음을 갖게 한다.

즉
마음의 규정들이 수시로 올라올 때
어려운 문제에 직면했을 때
두려운 순간들을 만났을 때
내 마음을 바라보고
이렇게 외쳐 보자는 것이다.

"아니야!!!!!"

마음을 잘 써야 공부를 잘한다

소리쳐서 외치면 더욱 효과적이겠지만
여건이 되지 않을 때는
마음속으로 외쳐 보는 것도 좋다.

그 순간 내가 만든 규정들은
유리 조각의 파편들처럼 산산조각 나고

무엇이라고 규정할 수 없는 나,
모든 것을 다 이룰 수도 있고
못 이룰 수도 있는
무한한 가능성이 이미 다 갖추어져 있는
소중하고 무한한 나가 나타나서

나에게
그럴 수도 있고
그렇지 않을 수도 있는
모든 가능성이 열리는 것이다.

규정이 일어날 때 외치는
"아니야!"는 그동안 억압되었던
자기의 참 존재를 향한 외침이다.

나는 어떤 존재인가? '나는 이런 사람'이라고 규정하지 말자. 수시로 올라오는 마음의 규정들. 어려운 문제에 직면했을 때, 두려운 순간들을 만났을 때 규정이 자연스럽게 올라오려고 하면 내 마음을 바라보고 이렇게 외쳐 보자는 것이다. **"아니야!"**

"아니야!"를 소리쳐 외치면 가장 효과적이겠지만, 여건이 되지 않을 때는 마음속으로 외치는 것도 좋다. "아니야!" 하고 외치는 그 순간, 마음속에 스스로 만들어 놓았던 규정들은 유리 파편처럼 산산조각 나고, 무엇이라고 규정할 수 없는, 모든 것을 다 이룰 수도 있고 못 이룰 수도 있는, **'무한한 가능성이 이미 다 갖추어져 있는 소중하고 무한한 나'**가 나타나서 그럴 수도 있고, 그렇지 않을 수도 있는 모든 가능성이 열리게 되는 것이다. 규정이 일어날 때 외치는 "아니야!"는 그동안 억압되었던 자신의 참 존재를 향한 외침이다. 부록3

마음으로 하는
공부의 세 가지 힘

☐ 생각하는 힘: 사고력

☐ 집중하는 힘: 집중력

☐ 실행하는 힘: 주의력

생각하는 힘: 사고력

만물에는 원리가 있고 일에는 순서가 있다. 공부와 일의 원리와 순서를 알아서 원리를 따라 순서 있게 하는 마음의 힘을 사고력이라 한다. 사고력에는 경영사고력과 해결사고력이 있다.

학(學)·오(悟)·습(習)은 자력학습의 원리이고 집중력·사고력·주의력은 자력학습의 세 가지 필수 조건[6]이다. 학(學)은 마음을 집중하여 배우는 것이고, 오(悟)는 생각을 하여 공부의 원리를 깨닫는 것이고, 습(習)은 마음을 챙겨서 배운 것을 익히는 것이다.

학·오·습, 배움·깨침·익힘이 균형과 조화를 이루되 오(悟)에 바탕해서 학(學)과 습(習)을 운전하는 것이 공부의 원리를 알아 공부하는 것이다.

---

6 필수 조건: 어떤 사물이 성립되거나 발생하는데 반드시 갖추어야 할 요소

내 하루를 경영하기

애플의 스티브 잡스나 디즈니의 밥 아이거 같은 CEO는
기업을 경영하여 세계적인 인물이 되었다.
그러나 대부분의 사람들은 스스로가
그러한 CEO가 될 수 없다고 생각한다.
하지만 전혀 가능성이 없는 일일까?

성공한 CEO들에게 특별한 점이 있다면
그것은 그들이 사물을 경영하는 사고력이
뛰어난 사람들이라는 것이다.
그렇다면
그 사물을 경영하는 사고력은 어떻게 얻어진 것일까?

그것은 그들이
어릴 때부터 스스로 길러온 것이다.
우리도 사물을 경영하는 사고력을 길러서
각자가 가진 꿈을 이루는 방법은 없을까?

청소년 시기에는 한 번쯤 나도 큰 기업을 경영하는 세계적 인물이 되고 싶다는 꿈을 꾼다. 그러나 성장하면서 대부분의 사람들은 자신이 그러한 CEO가 되는 것은 불가능하다고 생각하게 된다. CEO의 꿈은 정말 전혀 불가능한 일일까? 무엇이 큰 기업을 경영하는 세계적인 인물들을 성공한 CEO로 만들었을까? 그들에게 한 가지 특별한 점이 있다면 그것은 그들 모두 사물을 경영하는 '사고력'이 뛰어나다는 것이다. 그렇다면 그들의 사고력이 어느 날 갑자기 생겨난 것일까? 그렇지 않다. 어린 시절에는 누구나 사물을 경영하는 사고력이 크지 않다. 그러나 성공한 CEO들은 어릴 때부터 사물을 경영하는 사고력을 스스로 길러온 것이다. 우리도 이들처럼 사물을 경영하는 사고력을 길러서 각자가 가진 꿈을 이루는 방법은 없을까?

작은 것이 모여서 큰 것이 되는 것, 이것이 자연의 원칙이다. 그러므로 매일의 일상 속에서 작은 것을 경영하는 사고력을 기르면 그 작은 것이 쌓여서 기업이나 단체·사회·국가까지도 경영할 수 있는 큰 사고력이 된다. 이것은 마치 많은 물건을 담으려면 그릇을 키워야 하는 것과 같이, 큰 경영을 하려면 사고하는 그릇의 크기를 키워야 하는 것과 같다. 작은 그릇이 갑자기 큰 그릇이 될 수 없는 것과 같이, 성장하는 과정에서 키워 오지 않은 사고력이 어른이 되어 갑자기 커질 수는 없다.

사람들은 성장하는 과정에서 작은 것을 경영하는 사고력을 길러본 경험이 없이 성인이 되어 비로소 기업이나 단체·사회·국가를 경영하는 큰 사고력을 발휘하려 하나 그것이 뜻대로 되지 않는다.

작은 것에서부터 시작해 보자.
우리의 '하루'를,
더 나아가 매일매일을 경영해 보는 것이다.

CEO와 사원의 차이가 있다면 무엇일까?
CEO는 회사 전체 일을 내 일로 알아 살펴보지만
사원은 보통 자신에게 주어진 업무만 자기 일로 안다.
물론 예외도 있겠지만.

나는 과연 내 하루를 CEO의 마음으로 살고 있는가?
아니면 일반 사원의 마음으로 살고 있는가?
아마도 대부분은
현재 눈앞에 놓인 일 처리에만
급급해 하면서 살아가고 있을 것이다.

숙제만 해도 그렇다.
당장 게임이 하고 싶고
스마트폰이 보고 싶어
끌리는 대로 하루를 살다가
결국 때가 되어서야
발등에 불이 떨어진 듯 급하게 숙제를 해 나가는 게
다반사인 우리들의 모습

마음을 잘 써야 공부를 잘한다

학생들이 숙제할 때를 보아도 그렇다. 게임도 하고 싶고, 스마트폰도 보고 싶고, 숙제도 해야 할 때가 있다. 그럴 때 게임도 하지 말고, 스마트폰도 보지 말고, 숙제만 해야 한다는 것이 아니다. 그때의 상황을 관찰하고, 나의 마음 상태를 살펴서, 숙제를 먼저 하고, 스마트폰과 게임을 나중에 하는 것이 순서이다. 이것이 스스로를 경영하는 것이다. 하지만 대부분의 학생들은 당장 게임이 하고 싶고, 스마트폰이 보고 싶은 마음에 끌려 하고 싶은 대로 하며 하루를 산다. 그러다가 결국 발등에 불이 떨어진 듯 황급히 숙제를 하는 것이 다반사이다.

슬픈 것은
내가 주인이 되어야 할 하루를
내 스스로 통제하지 못하는 것이다.
나의 하루 경영에 분명 문제가 있다.

나의 하루는 과연 누구의 것인가.
내가 내 하루의 주인이 될 것인가.
아니면 그 권리를 환경과 나태와 습관에 빼앗길 것인가.
오직 나 자신에게 달려 있다.
그 누구도 내 하루를 대신 살아 줄 수는 없다.
우리가 원하는 꿈을 이루려면
적어도 내 하루는 내가 경영할 수 있어야 한다.

마음을 잘 써야 공부를 잘한다

　더욱 슬픈 것은 내가 주인이 되어서 경영해야 할 나의 하루를 내가 경영하지 못하고 사는 것이다. 하루를 스스로 통제하고 경영하지 못하며 살아온 청소년들이 성장하여 직업을 가지게 되었을 때, 자기에게 주어진 임무 이외에 그 기업이나 단체의 일 전체를 살펴보아 경영하는 사고력을 발휘하기는 어렵다. 경험하고 익혀 오지 않은 경영사고력이 하루아침에 갑자기 생겨나기는 어렵기 때문이다.

　각자의 하루는 각자가 주인이 되어 경영해야 한다. 우리가 원하는 꿈을 이루려면, 나의 하루는 내가 경영할 수 있어야 한다. 매일의 하루를 경영하는 과정에서 기업이나 단체나 국가를 경영할 수 있는 큰 사고력이 자라나는 것이다.

일 전체를 알고 낱낱의 특성을 알며
중요하고 덜 중요한 것을 알고
먼저 할 일과 나중에 할 일을 알아서
순서 있게 하는 것을 경영이라 한다.

내가 내 하루를 경영할 수 있기 위해서는
이 경영사고력이 반드시 필요하다.

그렇다면 어떻게 해야
경영하는 사고력을 기를 수 있을까?

사고력의 원리를 먼저 알아야 한다.

사고력의 원리: 큼·작음·변화

사고력의 원리는 간단하다.

모든 사물을 대할 때에 일단 멈추어서
큼. 전체를 하나로 보아 관찰하고
작음. 전체를 낱낱으로 나누어 각각의 특성을 관찰하고
변화. 전체와 낱낱의 변화를 관찰하고

그 관찰에 바탕해서
생각을 궁굴려서 바른 판단을 얻는 것
그것이 사고력의 원리이다.

이 세상은 어떠한 원리로 이루어져 있을까? 그것은 **큼·작음·변화**[7]이다. 세상에 있는 모든 것에는 '전체'가 있고 '낱낱'이 있다. 전체를 한 덩어리로 보는 것을 '큼'이라고 하고, 그 전체를 낱낱으로 나누어 보는 것을 '작음'이라고 한다. 그런데 그 '큼'과 '작음'은 고정되어 변하지 않는 것이 아니고 변화하는 것이다. 있다가도 없어지고, 없다가도 있어져서 움직이는 것이다. '큼'과 '작음', 곧 전체와 낱낱의 움직임을 '변화'라고 한다.

예를 들어 보자. 어느 학교에 한 학급이 있다. 그 학급은 담임 선생님과 학생들로 구성되어 있고, 학급 구성원인 선생님과 학생들의 성격과 행동은 각각 다르다. 학급 구성원의 성격과 행동을 낱낱으로 나누어 보는 것을 '작음'이라 하고, 그 학급 전체의 성격과 행동을 하나로 보는 것을 '큼'이라고 한다. 그러나 그 학급 전체의 성격과 행동, 낱낱 구성원들의 성격과 행동이 고정되어 변함이 없는 것이 아니라, 나날이 때때로 변화한다. 오늘의 학급 분위기가 내일의 학급 분위기가 아니고, 오늘의 구성원들의 특성이 내일의 구성원들의 특성이 아니다. 전체와 낱낱의 움직임을 보는 것을 '변화'라 한다.

그렇다면 사고력의 원리는 무엇일까? 사물을 보고 관찰할 때 '**큼**', 전체를 하나로 보아 관찰하고, '**작음**', 전체를 낱낱으로 나누어 각각의 특성을 관찰하고, '**변화**', '큼'과 '작음'의 변화를 관찰하고, 그 관찰에 바탕해 생각을 궁굴려서 바른 판단을 얻는 것이 사고력의 원리이다.

---

7 큼·작음·변화는 원불교 정전 사리 연구에 나오는 대소 유무 (大小有無)와 같은 의미이다.

상자 속에 갇힌 나를 상상해 보자.

상자 속에서 하늘을 바라보았을 때

우리가 볼 수 있는 것은

상자 속 테두리 안의 하늘이다.

우리의 하루도 마찬가지이다.

상자 속 테두리 안의 하늘만을 보듯

눈 앞에 주어진 일들만 살피다 보면

그날 해야 할 일과 하고 싶은 일 전체를 보지 못한다.

광활한 푸른 하늘 전체를 올려다보려면

상자를 걷어치워야 하는 것처럼

눈 앞에 전개된 일만 살피려는 마음을 일단 멈추고

그날 해야 할 일과 하고 싶은 일

전체를 살펴보아야 한다.

마음을 잘 써야 공부를 잘한다

하루를 경영하는 사고력이란
그날 해야 할 일과 하고 싶은 일 전체를 살펴보고
하나하나 낱낱 일들의 특성을 살펴보고
전체와 낱낱의 변화를 살펴본 후에
중요한 일과 덜 중요한 일,
먼저 할 일과 나중에 할 일의 순서를 알아서
순서를 따라 일을 할 수 있는 능력이다.

이렇게 한다면 우리가
눈앞의 중요하지 않은 일을 좇아 하다가
시간을 허비하는 일이 점점 줄어들고
하루를 경영하는 사고력이 쌓여서
기업이나 사회·단체·국가를 경영하는
큰 사고력으로 자라날 것이다.

마음을 잘 써야 공부를 잘한다

하루를 경영하는 사고력도 마찬가지이다. 그날 하루 동안 해야 할 일과 하고 싶은 일 전체를 살펴보고, 전체를 이루는 낱낱 일의 특성을 살펴보고, 전체와 낱낱의 변화를 살펴본 후에 어느 일이 더 중요하고, 어느 일이 덜 중요하며, 어느 일이 먼저 할 일이고 어느 일이 나중에 할 일인지 순서를 알아서 그 순서를 따라 실행하는 습관을 길들이는 것이 경영사고력을 단련하는 길이다. 청소년기를 지내면서 자신의 하루를 경영하는 사고력을 익히고 길러 온 사람과 자신의 하루를 방치하고 무절제하게 산 사람은 성인이 되어 좁히기 어려운 경영사고력의 차이를 나타낼 것이다. 그렇기 때문에 하루를 잘 경영하는 사고력을 길러야 우리의 미래가 열리게 되는 것이다.

놀기만 좋아하던 아이

놀기만 좋아하던 아이가 있었다.
그 아이는 학교에서 집에 오면
가방을 던져 놓고 하루 종일 놀았다.
게임을 하고, 간식을 먹고, 낮잠을 자고 놀고 또 놀았다.

어느 날 선생님이 그 아이를 불러 숙제를 내주었다.
사고력 대조표를 써 오라는 숙제였다.
아이는 선생님의 말씀에 따라
사고력 대조표를 쓰기 시작했다.
그런데 그 아이의 사고력 대조표는
1번부터 10번까지
모두 노는 것으로 채워졌다.
공부에 관한 건 단 한 줄도 없었다.
그러나 사고력 대조표는 매일 썼다.
그렇게 매일같이 사고력 대조표를 쓰던
어느 날
아이는 중요한 것을 깨닫게 된다.

마음을 잘 써야 공부를 잘한다

놀기만 좋아하던 아이가 있었다.[8] 그 아이는 학교에서 집에 오면 가방을 던져 놓고 하루 종일 놀았다. 게임을 하고, 간식을 먹고, 낮잠을 자고 놀고 또 놀았다. 그러던 어느 날 선생님이 그 아이를 불러 숙제를 내주었다. 사고력 대조표를 써 오라는 숙제였다. 숙제의 내용은 "집에 가서 오늘 하고 싶은 일과 해야 할 일을 가리지 말고 모두 적은 후, 실행할 순서를 적고 하루가 지난 후 자기가 실행한 순서를 적어 오면 된다"는 것이었다. 그 아이는 생각했다. '공부하라는 것도 아니고 하고 싶은 일과 해야 할 일을 모두 적고, 실행할 순서와 실제 실행한 순서를 적는 것. 어렵지 않지. 그 정도야 나도 할 수 있지!' 집에 돌아가서 선생님이 숙제로 내준 사고력 대조표를 선생님이 시키는 대로 써 보았다. 공부도 안 하고 숙제도 안 해 가는 것이 일상이었는데 어떻게 이 숙제만은 열심히 했는지 알 수 없다. 그런데 문제는 선생님께서 분명 그날 하고 싶은 일과 해야 할 일 전체를 적어 보라 하셨는데 그 아이의 사고력 대조표는 해야 할 일은 하나도 없이 하고 싶은 일로만 채워졌다는 것이다. 처음부터 끝까지 모두 노는 일로 채워졌다. 1번도 놀기, 2번도 놀기, 10번도 놀기였다. 그리고 그 노는 일들의 순서를 적었다. 다음 날 선생님께 숙제한 것을 보여 드렸더니 선생님이 참 잘했다고 칭찬하시며 계속 써 보라고 하셨다. 그 아이는 신이 나서 계속 사고력 대조표를 써서 다음 날 선생님께 검사 맡기를 계속해 나갔다. 그렇게 사고력 대조표를 쓰던 어느 날 그 아이는 중요한 것을 깨닫게 된다.

---

8 이 예시는 실제 원학습인성교육을 받은 학생의 실화를 바탕으로 구성되었다.

사고력 대조표

세상엔 많은 플래너들이 있다.
그리고 그 플래너들의 공통점은
우리가 해야 할 중요한 일을
계획하게 해 준다는 것이다.

하지만 우리 인생에
해야 할 일만 있는 것은 아니다.
하고 싶은 일들이
얼마나 많은데!

세상에는 많은 플래너가 있다. 그 플래너들의 공통점은 우리가 해야 할 일을 계획할 수 있게 해 준다는 것이다. 그러나 우리 인생에 해야 할 일만 있는 것은 아니다. 하고 싶은 일도 많다. 해야 할 일만 하는 사람은 자연히 그 일을 의무로 하게 된다. 하고 싶은 일을 할 때는 그 일을 마음으로 하게 된다. 해야 할 일만 플래너에 적어서 그 일만 하는 사람은 그 일을 하는 에너지가 마음으로부터 공급되지 않는다. 그렇기 때문에 그렇게 길들여 온 사람은 자기에게 주어진 일은 잘하지만 새로움을 개척하는 창의적 생각은 펼쳐 가기 어렵다. 하고 싶은 일에는 해서는 안 될 일도 있겠지만 다 그런 것은 아니다. 그렇다면 해야 할 일과 하고 싶은 일을 어떻게 배분해서 할 것인가? 중요도와 긴급도를 살펴보고 순서를 알아서 순서 있게 하면 된다.

큼,
전체,
하늘이 넓고 큰 것은
푸름만 있는 것이 아니고
안개·구름·오염된 먼지마저도
함께 있기 때문이다.

우리 하루 전체를 보면
해야 할 일도 있지만 하고 싶은 일들이 더 많다.
사고력 대조표에는
이 모든 것을 다 적어 넣어야 한다.

해야 할 일, 하고 싶은 일 모두
세세할수록 좋다.
작게 작게 단위를 쪼개어
구체적일수록
실현 가능성은 높아진다.

그리고
그 일들의
긴급도와 중요도를 모두 고려해서
실행할 순서를 매겨 보는 것이다.

하늘이 넓고 큰 것은 푸름만 있어서가 아니다. 하늘에는 해도 있고, 달도 있고, 별도 있고, 구름도 있고, 안개도 있고, 오염된 먼지마저도 함께 있다. 하늘은 그 중 어느 것을 더 좋아하거나 거부하지 않기에 하늘이 넓고 크다고 하는 것이다. 우리 마음도 저 하늘같이 넓고 커야 한다. 해야 할 일과 하고 싶은 일, 어느 것을 더 좋아하거나 거부하지 말고, 그 일이 마땅한 일이면 순서를 알아서 순서 있게 하면 된다.

그리고
실행을 한 후
실제 자신이 어떻게 실천했는지
실행한 순서를 기록한다.

실행할 순서와 실행한 순서를 비교해 보면
자신의 이상과 현실이
얼마나 다른지를 살펴 알 수 있고
내 자신이
얼마나 계획한 대로 살고 있는지를
알 수 있다.

실행할 순서와 실행한 순서의 편차를 내어 합산해 보면 자신의 이상과 현실이 얼마나 다른지를 비교해 알 수 있고, 내 자신이 얼마나 계획한 대로 살고 있는지를 알 수 있다. 편차의 합이 적을수록 하루를 경영하는 사고력이 큰 것이다. 하루를 경영하는 사고력 평가의 구체적 방법은 사고력 대조표에 설명되어 있다.

사고력 대조표 작성과 하루경영사고력 점수는 다음의 순서로 계산한다. 부록4

사고력 대조표에

1. 하루의 해야 할 일과 하고 싶은 일 전체를 순서 없이 기재한다.

2. 실행할 순서를 기재한다.

3. 사고력 대조표 상에 기재된 해야 할 일과 하고 싶은 일 중, 불가피하게 할 수 없었던 일이 발생할 경우 그 항목을 사고력 대조표 상에서 삭제하고 **실행할 순서**를 조정한다.

4. 하루를 마친 후 실행한 순서를 기재한다.

5. 각 항목에 대하여 실행할 순서와 실행한 순서의 편차의 절댓값을 계산한다.

6. 실행을 하지 않은 항목에 대해서는 해야 할 일과 하고 싶은 일의 전체 항목 수를 편차 절댓값 란에 기재한다.

> 하루경영사고력 점수 = 100-{편차의 절댓값 총합/(항목수)²}×100

- 위의 공식으로 계산할 경우 계획한 순서대로 100% 실행했으면 하루경영사고력 점수가 100점이 되고, 계획한 항목을 하나도 실행 안 했으면 0점이 된다.

놀기만 하면서
사고력 대조표 숙제만 하던 아이가
어느 날 선생님에게 와서 말했다.
"선생님,
제가 잘 몰랐는데
그동안 너무 놀기만 한 것 같아요.
이제 사고력 대조표에
공부도 한 줄 넣어 볼래요."

자신의 실제 모습을 객관적으로 바라본
그 아이는
한 개 두 개씩 자신의 해야 할 일을
사고력 대조표에 적어 넣기 시작했다.

마음을 잘 써야 공부를 잘한다

놀면서 사고력 대조표 숙제는 열심히 계속해 오던 아이가 어느 날 선생님에게 와서 말했다. "선생님 그동안 몰랐는데 제가 너무 놀기만 한 것 같아요. 이제 사고력 대조표에 공부도 한 줄 넣어 볼래요." 그 아이는 한 개 두 개씩 자신이 해야 할 일을 사고력 대조표에 적어 넣기 시작했다. 놀기만 하던 그 아이의 마음에 작은 혁명이 일어난 것이다. 공부는 전혀 하기 싫던 그 아이의 마음에 나도 공부 좀 해야겠다는 자각이 일어난 것이다. 부모님이나 선생님이 아무리 공부하라 해도 공부하기가 싫던 이 아이의 마음에 누가 시키지도 않았는데 어떻게 해서 공부해야겠다는 한 생각이 일어났을까? 그것은 그 아이가 사고력 대조표를 쓰면서 자신이 사는 실제 모습을 객관적으로 바라보게 되었기 때문이다.

"의무로 하는 공부를 마음으로 하는 공부로 돌리는 원리가 무엇인가?" 라는 질문에 대하여 앞에서 그 원리는 '부모님에 대한 불신, 선생님에 대한 불신, 자기 자신에 대한 불신을 신뢰로 돌리는 것'이라고 하였다. 그런데 우리는 이 장에서 '의무로 하는 공부'를 '마음으로 하는 공부'로 돌리는 원리를 하나 더 발견하였다. 그것은 '자신의 사는 모습의 실상을 객관적으로 바라보는 것'이다. 사고력 대조표는 자신의 실제 생활 모습을 객관적으로 바라보게 하는 거울과 같다.

생각하는 힘

사고력 대조표에
실행할 순서만 적기 시작했는데
성적이 오른 학생들이 많다.
간단한 원리임에도
우리는 생각을 할 줄만 알았지
생각하는 힘을 기르는 방법을 몰랐고
그것이 인생에서 얼마나 중요한지를
알지 못했다.

이왕
생각하는 거
밝게 분석하고
빠르게 판단하고
새롭게 생각할 수 있다면
더 좋지 않은가?

우리라고
아인슈타인처럼
생각하지 말라는 법 있나?

한 고등학교 담임 선생님이 반 학생들에게 사고력 대조표 쓰는 법을 가르쳐 주면서 써 보도록 하였다. 모두 열심히 쓰는 것은 아니었지만 몇몇은 꽤 열심히 썼다. 그 중 한 학생이 자신이 작성한 사고력 대조표를 보여 주었는데 그날 해야 할 일을 구체적으로 적고, 해야 할 일 사이사이에 본인이 하고 싶은 취미 활동들을 넣어서 아주 역동적으로 사고력 대조표를 작성하고 있었다. 그 사고력 대조표에는 대략 자신이 계획한 순서를 따라 일을 진행한 결과가 나타나 있었다. 그 하루만 그렇게 한 것이 아니라 매일매일 그와 같이 하루를 경영하고 있었다. 다른 선생님이 "이 학생은 어떻게 사고력 대조표의 원리를 바로 알고 자기 하루를 이렇게 잘 경영할 수 있었나요?"라고 놀라움을 표시하자 담임 선생님은 말했다. "그 아이가 우리 반에서 일등 하는 아이예요."

이 예화는 공부를 매우 잘하는 학생은 스스로 사고력 대조표의 원리를 알아서 자신의 하루를 잘 경영하는 학생이라는 것을 말해 주고 있다. 그렇다면 역으로 사고력 대조표의 원리를 알아서 그 원리를 따라 사고력 대조표를 열심히 쓰다 보면 학교 성적이 자연히 올라갈 것이라고 생각해 볼 수 있다.

해결사고력

해결사고력이란
풀어야 할 문제가 있거나
의심나는 것이 생기면
연구의 순서를 따라 생각하고 연마해서
해결하는 마음의 힘을 말한다.

해결사고력을 얻어 가는
빠르고 바른 연구의 순서는 다음과 같다.

첫째, 풀어야 할 문제의 해법에
관련된 정보를 충분히 수집하여
그 정보를 평가하기에 힘쓴다.

둘째, 풀어야 할 문제에
정신을 집중하고
골똘히 생각을 궁굴려서
그 문제를 해결하기에 힘쓴다.

마음을 잘 써야 공부를 잘한다

풀어야 할 문제가 있거나 의심나는 것이 생겼을 때는 먼저 자력으로 궁리(窮理)하는 중 타력을 빌리며, 자력적 연구를 주체로 하여 타력을 활용해야 한다.

빠르고 바른 연구의 순서는 다음과 같다. 첫째, 풀어야 할 문제의 해법에 관련된 정보를 충분히 수집하여 그 정보를 평가하기에 힘쓴다. 정보 수집과 평가의 예를 들어 보자. 중고등학생이 수학 문제를 잘 풀기 위해서는 문제 풀이에 앞서서 문제 풀이에 관련된 기본 원리를 교과서에서 충분히 숙지해야 한다. 그리고 문제 풀이에 관련된 기본 공식을 외우고, 문제 풀이에 관련된 예제를 풀어 봐야 한다. 대학원생들이 연구할 때도 마찬가지이다. 풀어야 할 과제 연구에 앞서서 관련된 참고 문헌을 충분히 조사하고 그 내용을 평가하여 자신의 연구와 대조하는 것이 연구의 첫째 순서이다. 이와 같은 정보 수집과 평가는 자력으로 타력을 활용하는 것이다.

그 다음 단계인, 풀어야 할 문제에 정신을 집중하고 골똘히 생각을 궁굴려서 해결하기에 힘쓰는 단계는 문제해결사고력을 증진하는 데 가장 중요한 단계이다. 이 단계에서 문제 해결을 위한 자력적 노력이 가장 집중적으로 요구된다. 이 때 주의할 일은 자력적 노력을 하지 않은 채 해답집을 보거나 남의 도움으로 문제를 해결하려 해서는 안 된다는 것이다. 오늘날 청소년들은 자력적 사고의 과정을 거치지 않은 채 학원과 과외 등으로 문제를 해결하려 한다. 이러한 자세로는 해결사고력이 증진되지 않는다.

셋째, 골똘히 생각해도
문제가 풀리지 않을 때에는
놓아두었다가 다시 생각을 궁굴려서
해결하기에 힘쓴다.

넷째, 생각해서 해결이 잘되지 않는
문제가 있고 보면
같은 문제를 해결하고자 하는 동료와
의견 교환하기에 힘쓴다.

마음을 잘 써야 공부를 잘한다

해결사고력을 얻으려 할 때에 가장 주의해야 할 순간은 골똘히 생각해도 문제가 풀리지 않을 때이다. 이러한 경우를 당하면 보통 해답집을 보거나 타인의 도움을 얻어서 문제를 해결하려 한다. 이 때는 조급한 마음을 멈추고 문제를 놓아두었다가 다시 생각을 궁굴려서 해결하기에 노력하라는 것이다. 휴식 중에는 정신을 흩어 버리는 번다한 일을 해서는 안 된다. 골똘히 생각하다 조용히 휴식을 하면 의식적 사고가 무의식 세계로 스며들어 무의식의 사고를 유발하여 창의적 해법이 발현된다는 연구 결과가 있다.[9]

그렇게 생각해도 해결이 잘되지 않는 문제가 있고 보면 같은 문제를 해결하고자 하는 동료와 의견 교환하기에 힘써야 한다. 대입을 앞둔 고등학생들에게 영어와 수학 실력의 향상은 공통의 과제이다. 반의 학생들은 같은 목적을 가졌기 때문에 동료이다. 이러한 경우 영어와 수학 실력을 향상시키는 좋은 방법은 영어와 수학을 잘하는 반 친구에게 인터뷰를 신청하여 **"나는 아무리 노력해도 영어와 수학의 실력이 향상되지 않는데 너는 어떻게 공부하기에 영어와 수학을 잘하니?"** 하고 진심으로 의견을 구하는 것이다. 그 인터뷰한 결과를 평가하여 자신과 대조하면 지혜의 머리가 생겨나는 것이다. 대학생들이 풀리지 않는 문제의 해법에 대해서 의견을 교환하는 것도 지혜 머리를 단련하는 요긴한 방법이다.

---

9 Yan, H. (1998). **Creative Design of Mechanical Devices** (p. 38). Singapore: Springer.

다섯째, 힘써 노력해도
해결되지 않는 문제가 있고 보면
선생님이나 멘토에게 질문하여
해결하기에 힘쓴다.

마음을 잘 써야 공부를 잘한다

앞의 방법으로 힘써 노력해도 해결되지 않는 문제가 있고 보면 그때에 해답집을 보거나 선생님이나 멘토에게 질의하여 해결하기에 힘써야 한다. 문제는 그 연구의 순서를 뒤집어서 자력적 노력을 하지 않은 채 조급히 해답집을 보거나 지도인에게 질의하거나 학원 수강을 통해서 문제를 해결하려는 자세를 갖는 것이다. 이러한 자세로는 해결사고력이 증진되지 않는다. 충분한 자력적 노력이 있은 후에 타력의 도움을 빌어야 자타력이 합쳐져서 해결사고력이 무럭무럭 자라날 수 있다.

집중하는 힘: 집중력

이순신의 집중력

12척 대 133척,
명량해전은 말도 안 되는 세기의 해상 전투였다.
어떻게 이순신 장군은
극한의 불리한 조건에서도
승리할 수 있었을까?

이순신 장군의 승리는
바로 극도의 집중력에서 나왔다.

나라를 구하려는 지극한 마음에서
극도의 집중력이 나왔고
수많은 적이 앞에 있어도
전혀 동요하지 않는 마음에서
적을 이길 수 있는
주의력이 나왔다.

마음을 잘 써야 공부를 잘한다

1597년 음력 9월 7일 이순신 장군이 이끄는 조선 수군은 전남 명량해협(울돌목)에서 12척의 배로 133척의 일본 수군을 물리쳤다. 인류 역사에서 찾아볼 수 없는 해상 전투였고, 불가능을 가능으로 만든 세기의 전투였다. 이순신 장군은 어떻게 이와 같이 극도로 불리한 조건 아래서 전투를 승리로 이끌었을까? 그것은 이순신 장군의 사고력과 집중력과 주의력이 만들어 낸 결과이다. 이순신 장군은 다양한 방법으로 정보를 수집하여 일본 수군의 전력과 동태를 정확히 파악했고, 조선 수군의 전력상의 열세를 명량해협의 지리적, 조류적 특성, 그리고 일본 전함과 조선 전함의 구조적 특성을 활용하여 극복하려는 창의적 전략을 수립했다. 그러나 아무리 창의적 전략이 세워졌다 하더라도 그 전략을 현실 속에 구현해 내는 것은 또 다른 문제이다. 보통 사람들은 비록 창의적 전략을 세웠다 하더라도 어려운 현실에 부딪치면 그 전략을 실행하지 못한다. 그러나 이순신 장군은 어려운 현실에서도 자신이 기존에 세운 전략을 그대로 실현하여 극도로 불리한 전쟁을 승리로 이끌었다. 그 비결은 무엇일까? 바로 극도의 집중력과 주의력이다. 나라를 구하려는 지극한 정신에서 극도의 집중력이 나왔고 수많은 적을 앞에 두고도 전혀 동요하지 않는 마음에서 전략을 실현하는 주의력이 나왔다.

수많은 적 앞에서
전혀 동요하지 않고
전략을 실현할 수 있었던 이순신 장군의 집중력.
그는 어떻게 이러한 집중력을 소유하게 되었을까?
아마도 그것은 이순신 장군이
어릴 때부터 길러온 것이지
갑자기 생긴 것은 아닐 것이다.

집중력은
불가능을 가능하게 하고
현실을 바꾸는 힘이며
자력학습을 실현하는 데
없어서는 안 될
마음으로 하는 공부의
필수 조건이다.

마음을 잘 써야 공부를 잘한다

집중력의 정의

집중력이란
이 일을 할 때 저 일로 생각이 끌리지 않고
저 일을 할 때 이 일로 생각이 끌리지 않아서
그 일 그 일에 마음을 집중하는 능력을 말한다.

즉,
게임을 하다가 공부하기로 한 시간이 되면
게임을 바로 멈추고
게임에 마음이 끌리지 않고 공부에 집중할 수 있으면
집중력이 있는 것이다.

그리고 집중력이란
공부나 일을 하는 중
다른 생각으로 마음이 흐르는 경우
바로 그 공부 그 일에
다시 집중하는 능력을 말한다.

마음을 잘 써야 공부를 잘한다

집중력이란 이 일을 할 때 다른 일로 생각이 끌리지 않고, 저 일을 할 때 다른 일로 생각이 끌리지 않아서, 그 일 그 일에 마음을 집중하는 능력[10]을 말하며 공부나 일을 하는 중 마음이 다른 곳으로 흐르면 바로 그 공부 그 일에 다시 집중하는 능력을 말한다. 집중력 증진에서 가장 중요한 요소는 '집중하려는 한 생각'을 잊지 않는 것이다. 공부나 일에 집중하다가 생각이 다른 곳으로 흐르면 생각을 바로 다시 그 공부 그 일로 돌이키는 '집중하려는 한 생각'이 있어야 집중이 지속된다. 수업 전에 '오늘은 수업 시간에 생각이 다른 곳으로 흐르면 바로 수업에 집중하자!'하고 한 생각을 챙기고, 수업 중 생각이 다른 곳으로 흐르면 '바로 수업에 집중하기로 했었지! 선생님 말씀에 다시 집중해 보자!' 하고 한 생각 챙기기를 계속하면 집중력이 생기는 것이다. 집중이 흩어지면 다시 집중하고, 흩어지면 다시 집중하려는 한 생각을 챙기고 챙겨서 자신의 기질이 완전히 바뀔 때까지 단련해야 집중력이 생기는 것이다. 칼을 갈고 닦아서 명검을 만들듯이.

---

10 원불교 전서에 나온 '일심(一心)'의 개념을 인용하였다.

가짜 집중력

집중력에도 진짜와 가짜가 있다.
가짜 집중력이란 무엇일까?

우리는
게임을 할 때나
재미있는 TV 프로그램을 볼 때
극도의 집중력을 발휘한다.
어떤 사람들은
10시간도 넘게 멈추지 않고
게임을 한다.
이런 집중력이
진짜 집중력이라 할 수 있을까?

집중력에도 진짜와 가짜가 있다. 우리가 좋아하거나 재미있어 하는 일을 할 때는 극도로 집중하게 된다. 예를 들어 게임을 하거나 재미있는 TV 프로그램을 볼 때가 그렇다. 하루 종일 TV를 보는 데 집중하는 경우도 있고, 자는 것도 밥 먹는 것도 잊고 게임에 집중하는 경우도 있다. 이와 같은 집중력을 진짜 집중력이라 할 수 있을까?

아니다.

만약

게임을 하다가

공부하기로 한 시간이 되어도

멈추지 못했다면

그것은 진짜 집중력이 아니다.

그렇다면

진짜 집중력은 무엇일까?

즉,

게임을 하다가 공부하기로 한 시간이 되면

게임을 바로 멈추고

게임에 마음이 끌리지 않고 공부에 집중할 수 있어야

그것이 진짜 집중력이다.

마음을 잘 써야 공부를 잘한다

어느 일에 몰두했다고 해서 그것만으로 '집중력이 있다'고 할 수는 없다. 게임을 하다가 공부하기로 한 시간이 되어도 게임에만 집중하고 공부는 하지 않았다면 그것은 진짜 집중력이 아니다. 그렇다면 진짜 집중력이란 어떤 것일까?

진짜 집중력이란 이 일을 할 때 저 일로 생각이 끌리지 않고, 저 일을 할 때 이 일로 생각이 끌리지 않아서 그 일 그 일에 집중하는 능력을 말한다. 즉, 게임에 집중하다가 공부하기로 한 시간이 되면 게임을 바로 멈추고, 게임에 마음이 끌리지 않고 공부에 집중할 수 있어야 그것이 진짜 집중력이다. 다시 말해서 진짜 집중력의 조건은 집중을 하되 그 일에 집착하지 않아서 다른 일로 전환하여도 집중이 지속되는 것이다. 게임에 집중하다가 공부할 때가 되었는데 멈추지 못했거나, 또는 멈추고 공부를 하긴 하는데 게임 생각에 공부에 집중이 되지 않았다면 게임할 때의 집중력은 진짜 집중력이 아니다. 그 이유는 게임에 집중할 때 게임에 집착했기 때문이다. 역으로 공부에 집중하다가 게임으로 전환해도 집중력이 지속되었다면 그 집중력은 진짜 집중력이다.

왜 집중이 안될까?

집중은 운동과 같다.
미리 체력을 단련해 놓지 않으면
실전에서 체력이 떨어져
경기를 잘 치를 수 없는 것 같이
우리가 평소에
정신을 함부로 쓰고
이 일 저 일에 끌려 다니면서
집중력을 흘어 버리면
꼭 필요할 때에 집중이 되지 않는다.

집중은 한 생각이다.
더러는 집중이 저절로 된다고
생각하지만
집중이 흘어졌을 때
다시 집중하려는
'한 생각'이 없으면
집중을 지속할 수 없다.

한 생각

　집중력 얻기를 원하는 사람은 평소에 집중을 흩어 버리는 경계를 멀리하고, 모든 일을 할 때에 그 일 그 일에 마음을 집중하는 연습을 해서 집중력을 쌓고 길러 놓아야 꼭 필요할 때에 집중력을 발휘할 수 있다. 이순신 장군이 왜군과의 전투에서 발휘한 극도의 집중력은 어느 날 갑자기 생긴 것이 아니고 어릴 때부터 쌓고 길러 온 것이다. 그러므로 우리들도 어릴 때부터 집중력을 쌓고 길러야 한다.

　집중력을 기르는 데에 가장 중요한 요소는 '**집중하려는 한 생각**'을 챙기는 것이다. 어떤 일에 집중하다가 생각이 다른 곳으로 흘러서 집중이 흩어졌을 때 집중하려는 한 생각이 없으면 그 집중은 지속될 수 없다.

집중은 연습이다.
피겨 스케이팅 선수가 평소에
연습하고 단련하지 않으면
경기에 나아가 명연기를 할 수 없듯이
집중도 그 일 그 일에서
집중력을 단련해 놓지 않으면
실제 공부와 일에 나아가
집중력을 발휘할 수 없다.

집중은 수학과 같다.
수학에 공식과 원리가 있듯이
집중에도 공식과 원리가 있다.
수학의 공식과 원리를 모르면
수학 문제를 풀 수 없듯이
집중의 공식과 원리를 모르면
집중을 잘할 수 없다.

집중을 잘하려면
집중을 못하게 하는 원인을
제거해야 하고
집중의 공식과 원리를 알아야 한다.

그렇다면 집중의 공식과 원리란 무엇인가?

마음을 잘 써야 공부를 잘한다

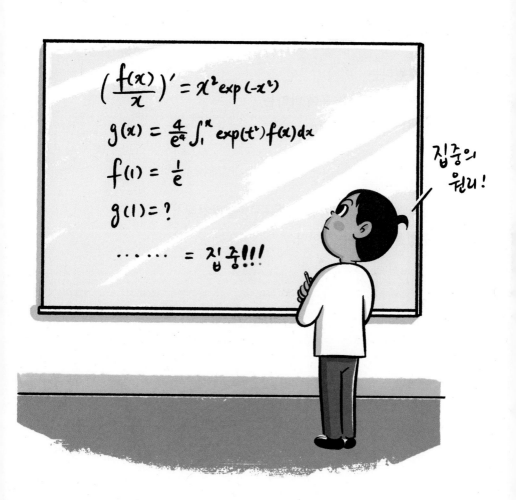

집중의 원리

집중의 원리를 알아서
그 원리를 따라 노력하면
누구나 다 집중을 잘할 수 있다.

집중의 원리는
첫째, 평소에 집중을 흩어 버리는
일을 짓지 말라는 것이며,

집중의 원리는
둘째, 마음이 새어 나가는 마음구멍을 발견해서
그 구멍을 때우라는 것이다.

집중의 원리를 알아서 그 원리대로 노력하면 누구나 다 집중력을 기를 수 있다. 집중의 원리 첫째는 **'평소에 집중을 흩어 버리는 일을 짓지 말라'**는 것이다. 집중을 흩어 버리는 일이란 무엇인가? 무엇이든 내 마음을 빼앗아 가는 일이다. 예를 들어 게임은 마음을 빼앗아 가는 일이다. 집중을 잘하려면 제일 먼저 자신에게 집중을 흩어 버리는 일이 무엇인지 찾아서 그 일을 짓지 말아야 한다. 그리고 **'우리 마음에 마음이 새어 나가는 마음구멍을 발견하여 그 구멍을 때우라'**는 것이다. 무슨 일에 집중력이 생긴다는 것은 그 일에 마음이 모아지는 것을 말하는데, 이는 항아리에 물을 부어 채우는 것과 같다. 그런데 항아리에 구멍이 나 있으면 아무리 물을 부어도 물이 채워지지 않는 것과 같이 우리 마음에 구멍이 나 있으면 마음이 모아지지 않아 집중력이 생기지 않는다. 마음의 구멍이란 우리가 심히 좋아하고 싫어하는 것으로 마음이 끌려 나가는 구멍을 말한다. 심히 좋아하고 싫어하는 것으로 마음의 구멍이 나 있으면 절대로 집중력이 생기지 않는다. 따라서 어떤 일에 집중을 잘하려면 마음이 새어 나가는 마음구멍을 먼저 때워야 한다. 부록5

집중의 원리는
셋째, 이 일을 할 때에 저 일로 생각이 끌리지 않고
저 일을 할 때에 이 일로 생각이 끌리지 않아서
그 일 그 일에 집중하라는 것이며,

집중의 원리는
넷째, 공부나 일을 하는 중
다른 생각으로 마음이 흐르는 경우
바로 그 공부 그 일로 집중하려는
한 생각을 챙기라는 것이며,

집중의 원리는
다섯째, 해야 할 일이 있을 때에는
그 일이 되어 가는 형편과 변화를 살펴서
미리 연마하고 준비하라는 것이다.

예를 들어
수업 전날 예습을 하면
수업 내용이 미리 연마한 것이기 때문에
집중이 잘된다.
그날 배운 것을 그날 복습하면
수업 시간에 연마한 내용이기 때문에
집중이 잘된다.
그러므로 전날 예습, 수업 집중, 그날 복습은
집중력 증진의 최상의 방법이다.

집중의 원리는
여섯째, 작은 집중력이 모여서
큰 집중력이 된다는 것이다.
작은 것이 모여서 큰 것이 되는 것은
천지자연의 원칙이다.
작은 흙이 모여 큰 산을 이루고
작은 물방울이 모여서 큰 강물을 이루듯
이 일을 할 때에 이 일에 집중하고
저 일을 할 때에 저 일에 집중하여
사소하고 작은 일에 집중하는 습관을 길러 가면
그 작은 집중력이 모여서
공부를 할 때나 중요한 일을 할 때에
큰 집중력을 발휘할 수 있다.

이순신 장군이 명량해전에서
극도의 집중력을 발휘해
나라를 구할 수 있었던 것은
어린 시절부터
이 일을 할 때에 이 일에 집중하고
저 일을 할 때에 저 일에 집중하는
작은 집중력이 모이고 모여서
큰 집중력이 되었기 때문이다.

마음을 잘 써야 공부를 잘한다

청소년들에게 가장 원하는 것이 무엇이냐고 물어보면 공부할 때 집중력을 얻고 싶다고 말한다. 집중력 증진은 청소년 대부분이 가진 공통적 염원인 것 같다. 그러나 집중력 증진의 원리는 매우 평범한 것이다. 평범해 보이는 그 집중력 증진의 원리는 천지자연의 원칙을 따른 것이다. 그 원칙이란 무엇인가? 작은 것이 모여서 큰 것이 되는 것이다. 작은 물방울이 모여서 큰 강을 이루고, 작은 흙이 모여서 큰 산을 이루는 것이 천지자연의 원칙이다. 그와 마찬가지로 일상 생활 속에서 작은 집중력이 모이면 공부를 할 때나 중요한 일을 할 때에 큰 집중력을 발휘할 수 있다. 그러나 일상생활 속에서 작은 집중력을 흩어 버리면 공부나 중요한 일을 할 때에 집중력을 발휘할 수 없는 것이다. 사실 밥 먹을 때 다른 생각을 하지 않고 밥 먹는 데 집중하는 것은 마음만 먹으면 할 수 있다. 걸을 때 걷는 데 집중하는 것도 누구나 마음만 먹으면 할 수 있다. 자기 방 청소도 마음만 먹으면 집중해서 구석구석 깨끗이 할 수 있다. 이 작은 집중력이 모이고 모이면 큰 집중력이 되는 것이다.

여기서 청소년들에게 마음만 먹으면 집중력을 얼마든지 키울 수 있는 작은 팁을 권하고 싶다. 하루에 한 번씩 각자가 사용하는 방을 마음먹고 집중해서 구석구석 깨끗이 청소하고, 자기 수용품과 책상을 가지런히 정리해 보자. 방을 청소하고 수용품을 정리하려고 하면 귀찮고 하기 싫겠지만 집중력 단련을 연습한다 생각하면 할 수 있다. 이 작은 집중력들이 모이고 모여서 큰 집중력이 되는 것이다. 그리고 방이 깨끗하고 정돈이 잘 되어 있으니 공부에 집중을 돕는 환경과 분위기를 조성하는 효과도 있다.

집중력의 4차원

집중력에는 4차원이 있다.

이 일을 할 때에 저 일에 끌리지 않고
저 일을 할 때에 이 일에 끌리지 않아서
그 일 그 일에 집중하는 집중력은
단일 집중력이며 1차원 집중력이다.

그러나 세상을 살다 보면
한 가지 일만 하고 살 수는 없다.
여러 가지 책임과 일이 동시에 주어졌는데
어느 한 가지에만 몰두해서 다른 일을 그르치면
그것은 집중된 마음이 아니라
흩어진 마음이다.
여러 가지 일을 하더라도
자기가 맡은 일을 두루 다 잘 챙겨서 집중하면
그것은 복합 집중력이며 2차원 집중력이다.

집중력을 단련하려면
먼저 한 가지 일에 집중하는
단일 집중력, 1차원 집중력을 단련한 후에
집중력의 외연을 넓혀서
여러 가지 일에 동시에 집중하는
복합 집중력, 2차원 집중력 단련으로 확장해야 한다.

마음을 잘 써야 공부를 잘한다

이 일을 할 때에 저 일로 끌리지 않고 저 일을 할 때에 이 일로 끌리지 않아서 그 일 그 일에 집중하는 집중력은 '단일 집중력'이며, '1차원 집중력'이다. 그러나 세상을 살다 보면 한 가지 일만 하고 살 수는 없다. 여러 가지 책임과 일이 동시에 주어지는 경우 어느 한 가지에만 몰두해서 다른 일을 그르쳤다면 그것은 집중된 마음이 아니라 흩어진 마음이다. 여러 가지 일을 하더라도 자기가 맡은 바 이 일을 살피고 저 일을 살피면서 전체를 다 잘해 나가는 집중력은 '복합 집중력'이며, '2차원 집중력'이라 한다.

예를 하나 들어 보자. 방과 후 집에 돌아와서 숙제를 하려는데 어머니가 어린 동생을 돌보라 하신다. 숙제하는 것과 동생을 돌보는 것, 두 가지 책임이 주어졌는데 어느 한 가지 일에 집중하다가 다른 일에 실수가 있었다면 그것은 복합 집중력이 아니다. 자기가 맡은 바를 모두 잘하는 것이 복합 집중력이다. 집중력을 단련하는 사람은 먼저 한 가지 일에 집중하는 단일 집중력, 1차원 집중력을 단련한 후에 집중력의 외연을 넓혀서 여러 가지 일에 동시에 집중하는 복합 집중력, 2차원 집중력을 단련해야 한다. 집중하는 일의 숫자를 한 개에서 두 개로, 두 개에서 세 개로 점차 늘려 가야 한다.

집중력에

시간의 개념이 추가되면

그것이 바로 3차원 집중력이다.

이 일을 할 때 다른 일에 끌리지 않고

집중하는 중

자기의 말은 바 다른 일로

적합한 순간에 집중을 옮겨서

그 일에 대한 집중을

계속하는 것을

3차원 집중력, 즉 전환 집중력이라 한다.

마음을 잘 써야 공부를 잘한다

직선, 평면, 입체는 공간이라는 동질의 차원 안에서 1차원, 2차원, 3차원으로 구분된다. 그러나 시간이란 공간과 전혀 다른 물리량의 차원이다. 공간적으로 1차원이든 2차원이든 거기에 시간이 추가되면 차원의 수가 하나 늘어난다. 복합 집중력, 2차원 집중력을 연습하려 한다고 가정해 보자. 이 때 가장 중요한 포인트는 이 일에 집중하다가 적합한 시간에 이 일을 놓고 자기의 맡은 바 다른 일로 집중을 옮겨 가야 하고, 그 전환의 시기가 적중해야 한다. 늦어도 안 되고 빨라도 안 된다. 2차원 집중력은 자기 책임의 여러 가지 일을 두루 살피면 되는데 그 모든 일이 효율적으로 이루어지려면 집중력을 적합한 시간에 이 일에서 저 일로 전환하지 않으면 안 된다. 집중력을 적합한 시간에 전환하는 것을 '전환 집중력', '3차원 집중력'이라 한다. 2차원 집중력에 시간이라는 차원이 하나 더 추가되었다. 2차원 집중력은 자기가 맡은 범위 안의 여러 가지 일을 두루 살펴서 잘하는 것을 목적하는데 3차원 집중력은 적합한 시간에 집중력을 전환해서 모든 일을 가장 효율적으로 진행하는 것을 목적한다. 1차원 집중력과 2차원 집중력에서는 관심의 범위가 공간이었는데 3차원 집중력에서는 관심의 범위에 시간이 추가된 것이다.

집중력의 마지막 단계는
4차원 집중력이다.
이는 여러 가지 일에 동시에
순차적으로 집중하면서도
집중한다는 관념이 없이
자동적으로 집중이 되는
무의식적 집중력이다

마음을 잘 써야 공부를 잘한다

1차원, 2차원, 3차원 집중력을 단련하고 단련하다 보면 여러 가지 일에 동시에 그리고 순차적으로 집중하면서도 내가 집중한다는 한 생각도 없이 자동적으로 집중이 되는 경지에 이르게 된다. 이러한 집중력을 **'4차원 집중력'**이라 한다. 고도로 어려운 동작을 단련한 운동선수가 경기에 나가서 한 순간에 그때까지 단련한 동작을 완벽하게 실현하는 상태의 집중력이 4차원 집중력이다.

　예를 들면 김연아 선수가 벤쿠버 올림픽에서 보여준 집중력을 말한다. 집중하고 집중하여 집중할 것도 없는 경지, 챙기고 또 챙겨서 챙길 것도 없는 경지의 집중력이다. 4차원 집중력은 **'무의식적 집중력'**이다. 3차원 집중력에 시간과 공간을 잊은 마음의 상태를 또 하나의 차원으로 잡아서 4차원 집중력이라 한 것이다.

실행하는 힘: 주의력

실행은 결실이다

과일나무 여러 그루를 밭에 심었다.
앞에 있는 몇 그루는 마음을 챙겨
때때로 가지를 쳐 주고 거름을 주며 가꾸었더니
커다란 열매들이 주렁주렁 열렸다.
구석진 곳 몇 그루는
관심을 주지 않고 가꾸지 않았더니
줄기와 가지와 잎은 무성한데
열매는 작고 보잘 것이 없었다.
함께 심은 나무들인데도
마음 챙겨 가꾼 것과 안 가꾼 것은 그 결실이 달랐다.

우리의 마음도 그와 같아서
챙기면 있어지고 놓으면 없어진다.
그러므로 챙기지 않고서는
그 마음을 다스릴 수 없고,
공부와 일에도 결실을 거둘 수 없다.

그렇다면 마음을 어떻게 챙겨야
마음을 다스려서 공부와 일에 결실을 거둘 수 있을까?

마음을 잘 써야 공부를 잘한다

　사람은 누구나 공부도 잘하고 싶고 일도 잘하고 싶어 한다. 그러나 뜻대로 되지 않는다. 계획을 세밀히 세워 보지만 번번이 실행을 하지 못한다. 공부나 일을 추진하는 것은 계획을 잘 세우는 것만으로 되는 것이 아니다. 세운 계획을 실제에 옮기는 실행력이 있어야 한다. 실행은 과일의 결실과 같다. 줄기와 잎이 무성한 과일나무도 열매가 없으면 결실을 거둘 수 없듯이 우리의 공부도 실행이 없으면 결실을 거둘 수 없다.

하기로 한 일과 안 하기로 한 일을
잊지 않고 실행하는 마음을 챙겨야
공부와 일에 결실을 거둘 수 있다.

챙겨서 실행하는 그 마음을
주의(heedfulness)[11]라고도 하고
마음챙김(mindfulness) 이라고도 한다.
실행하는 마음을 챙기지 못한 것을
마음못챙김(unmindfulness) 이라 한다.

실행은 챙기는 마음으로부터 나온다.
실행은 실천이고 실천은 결실이다.

---

11 주의의 일반적 사전적 의미는 마음에 새겨서 조심함, 어떤 대상에 마음을 돌리거나 관심을 집중하여 기울임이다. [사전
연구회 이기문 감수. (2013). **동아 새국어사전**. 서울: 동아출판.] 원불교 정전에서 주의는 "사람의 육근을 동작할 때에
하기로 한 일과 안 하기로 한 일을 경우에 따라 잊지 아니하고 실행하는 마음"이라 정의되어 있다. [원불교. (2012). **원
불교 교전** (p. 57). 익산: 원불교출판사.] 이 책에서는 원불교 정전의 주의에 대한 정의를 인용하였다.

공부나 일에 결실을 거두려면 하기로 한 일과 안 하기로 한 일을 잊지 않고 실행하는 마음을 챙겨야 한다. 실행의 가장 큰 방해 요소는 '잊음'이다. 무엇은 하자 무엇은 하지 말자고 아무리 단단히 다짐을 했더라도 그 마음을 잊으면 모든 계획은 다 수포로 돌아간다. 그러므로 '잊지 않음'은 실행의 핵심 요소이다. 하기로 한 일과 안 하기로 한 일을 잊지 않고 챙겨서 실행하는 마음을 '주의(heedfulness)'라고도 하고 '마음챙김(mindfulness)'이라고도 한다. 챙긴다는 것은 어떤 일에 관계되는 물건 따위를 살펴서 모으거나 잘 돌보는 것을 말한다. 예를 들면 '여행 가방을 챙기다.' '서류를 챙기다.' 등의 경우에 쓰인다. 우리는 물건은 챙길 줄 알면서도 마음은 챙길 줄 모른다. 잊지 않고 챙겨서 실행하는 마음이 없는 것을 '마음못챙김(unmindfulness)'이라 한다. 마음을 챙겨야 실행을 해서 공부와 일에 결실을 거둘 수 있다. 실행은 챙김으로부터 나온다. 실행은 실천이고 실천은 결실이다.

우리는 왜 알면서도 실행을 하지 못할까?

누구나 실행을 잘하고 싶어 한다.
그런데 왜 우리는 알면서도 실행을 하지 못할까?

그 이유에는
두 가지가 있다.

하나는 아주 단단하게 굳은
습관에 끌리기 때문이다.
단단하게 굳은 습관은 어둡고 깊은 굴과 같다.
한번 습관의 굴에 갇히면 헤어 나오지 못하고
결국 아무 일도 할 수 없게 된다.
그렇게 이미 길들여진 습관은
실행하려는 의지를 무력하게 만든다.

또 하나는
타오르는 욕심을 다스리지 못하기 때문이다.
타오르는 욕심은
실행하려는 의지를 덮어 버린다.

실행이 가져올 결실을 싫어할 사람은 없다.

누구나 실행을 잘하고 싶어 한다. 그런데 왜 알면서도 실행을 하지 못할까? 그 이유에는 두 가지가 있다. 그 하나는 아주 단단하게 굳은 습관에 끌리기 때문이다. 아는 것을 실행으로 옮기기 위해서는 뚫고 나와야 할 굴이 하나 있다. 그것은 바로 '**습관의 굴**'이다. 무슨 일이나 하기 싫어하는 게으른 습관, 오늘 해야 할 일을 내일로 미루는 습관, 공부할 때나 수업을 들을 때에 딴 생각 하는 습관, 게임이나 노는 데 빠져서 해야 할 일을 하지 않는 습관, 이것을 하자, 저것을 하지 말자고 계획은 세워 놓고 막상 그 일을 당해서는 잊어 버리고 실행하지 않는 습관들은 마치 우리가 굴 속에 갇히면 헤어 나오지 못하고 결국 아무 일도 할 수 없게 되는 것처럼 실행하는 힘을 잃게 한다. 그러므로 실행하려면 이 '습관의 굴'을 뚫고 나와야 한다.

실행을 하지 못하게 하는 또 하나의 원인은 타오르는 욕심을 다스리지 못하는 것이다. 활활 타오르는 욕심은 실행하려는 의지를 덮어 버린다. 과식이 해로운 줄을 아는 사람이 다시는 과식하지 말자고 다짐해 보지만 맛있는 음식을 보면 먹고 싶은 욕심을 억제하지 못해서 다시 과식을 하게 되는 것과 같다.

실행하려는 의지를 꺾는
수많은 장애 요소 속에서도
실행의 결실을 거두게 하는 두 가지 길이 있다.

그 하나는 잊지 않고 실행하려는 '한 생각'이다.
잊지 않고 실행하려는 '한 생각'은
단단하게 굳은 습관의 굴을 뚫고
타오르는 욕심을 다스려서
실행하려는 의지를 불러일으킨다.
잊지 않고 실행하려는 한 생각을 챙기고 또 챙기면
마침내 아무리 어려운 일이라도 실행에 옮길 수 있게 된다.

또 하나의 길은
하기로 한 일과 안 하기로 한 일에 대해서
결정적인 판단을 내리고
생각을 행동으로 옮기는 결단이다.
번지 점프를 하기 전 두 눈 딱 감고 뛰어들듯이
일단 하기로 했으면 과감하게 행동으로 옮기는 것
결단은 불같이 타오르는 욕심을 다스리고
단단하게 굳은 습관의 굴을 뚫어서
생각을 실행으로 옮겨 주는 요결이다.

마음을 잘 써야 공부를 잘한다

그렇다면 어떻게 단단히 굳은 습관의 굴을 뚫고 불같이 타오르는 욕심을 다스려서 하고자 하는 공부와 일을 실행으로 옮길 것인가? 그 요긴한 길 하나는 잊지 않고 실행하려는 '**한 생각**'을 챙기는 것이다. 이 '한 생각'은 깊은 굴 속의 어둠을 밝혀 주는 촛불과도 같아서 습관과 욕심의 힘이 아무리 강하다 하더라도 잊지 않고 실행하려는 이 '한 생각'을 챙기고 또 챙기면 그 빛을 따라 습관의 굴을 뚫고 나와 실행에 이를 수 있다.

하고자 하는 공부와 일을 실행으로 옮기는 요긴한 길 또 하나는 하기로 한 일과 안 하기로 한 일에 대해서 결정적인 판단을 내리고 생각을 행동으로 옮기는 '**결단**'이다. 결단은 생각을 실행으로 옮겨 주는 요결이다. 하기로 해 놓고 꾸물거리며 실행하지 않는 것은 결단력이 없기 때문이다. 그러므로 우리가 공부나 일에 있어 실행의 결실을 거두려면 결단하는 연습을 해야 한다.

챙기는 마음의 실현

헬스장에서 근육을 기르듯

우리 마음도 챙기고 단련하면 그 힘이 길러진다.

마음을 챙겨서 실행하는 힘,

즉 주의력을 단련하는 아주 요긴한 방법이 있다.

그것은 바로 마음챙김못챙김 대조법이다.

마음챙김못챙김 대조법은

먼저, 하자는 조항과 말자는 조항을 정하는 것이다.

하자는 조항의 좋은 예는

평소 길들이고 싶은 좋은 습관을 생각해 보면 된다.

말자는 조항의 좋은 예는

반대로 평소 고치고 싶었던 나쁜 습관을 생각해 보면 된다.

마음챙김못챙김 대조법[12]의 순서 첫째는 '하자는 조항'과 '말자는 조항'을 정하는 것이다. '하자는 조항'의 좋은 예는 좋은 습관 들이기이다. 예를 들면 '그날 배운 것은 그날이 가기 전에 복습하자.' '다음 날 배울 것은 전날 예습하자.' '학교에 다녀오면 숙제부터 하자.' 등이 있다. 말자는 조목의 좋은 예는 나쁜 습관 고치기이다. 예를 들면 '수업 시간이나 공부 시간에 딴 생각을 하지 말자.' '수업 시간에 핸드폰을 보지 말자.' 또 다른 예로 '게임에 빠지지 말자.' 등이 있다. '하자는 조항'과 '말자는 조항'은 구체적일수록 효과적이다. 예를 들면 '게임에 빠지지 말자.'는 것보다는 '게임을 한 시간 이상 하지 말자.' '수업 시간에 딴 생각 하지 말자.'는 것보다는 '수업 시간에 딴 생각으로 마음이 흐르면 바로 그때 그 마음을 잡아 수업에 집중하자.'와 같이 조항을 구체적으로 정하면 성공할 확률이 더 커지는 것이다.

---

[12] 마음챙김못챙김 대조법은 원불교 정전에 나오는 일기법의 유무념 대조법에서 유래한 것이다.

다음 단계는 하자는 조항과 말자는 조항을
잊지 않고 실행하면서,
마음을 챙겼는지 못 챙겼는지 대조해 보는 것이다.
하자는 조항과 말자는 조항에 대하여
잊지 않고 챙겨서 실행하는 마음으로 했다면
그것을 마음챙김(mindful)이라 하고,
잊지 않고 챙겨서 실행하는 마음이 없이 했다면
그것을 마음못챙김(unmindful)이라 한다.

마음챙김못챙김 대조법의 마지막 단계는
하루를 마칠 때, 그날의 실행을 돌아보며
하자는 조항과 말자는 조항에 대하여
마음을 챙겼는가 못 챙겼는가 대조하여 그 결과를
마음챙김못챙김 대조표에 기재하는 것이다.

마음챙김못챙김 대조법의 순서 둘째는 '하자는 조항'과 '말자는 조항'을 잊지 않고 실행하며, '하자는 조항'과 '말자는 조항'에 대해서 순간순간 마음을 챙겼는지 못 챙겼는지 대조해 보는 것이다. '하자는 조항'과 '말자는 조항'에 대해서 잊지 않고 챙겨서 실행하는 마음으로 한 것을 **마음챙김**(mindful)'이라 하고, 잊지 않고 챙겨서 실행하는 마음이 없이 한 것을 **마음못챙김**(unmindful)'이라 한다. '하자는 조항'과 '말자는 조항'에 대해서 실행 여부를 언제나 대조하는 정신이 챙기는 마음을 실현하는 정신이다. 마음챙김못챙김을 대조하는 정신, 곧 챙기는 마음을 실현하는 정신이 공부와 일에 결실을 거두게 한다.

마음챙김못챙김 대조법의 순서 셋째는 하루를 마칠 때 그날의 실행을 돌아보며 '하자는 조항'과 '말자는 조항'에 대하여 실행이 되었는가 못 되었는가 대조하고 종합 반성하여 그 결과를 **마음챙김못챙김 대조표**'에 기재하는 것이다. 아무리 '하자는 조항'과 '말자는 조항'을 잘 정하고 현실에 나아가 마음챙김못챙김 대조를 잘 하였다 하더라도 그 내용을 매일 마음챙김못챙김 대조표에 기재하지 않으면 마음챙김못챙김 대조 공부는 지속되기 어렵다. 자기의 공부 실태를 매일 정확히 확인하는 것은 그 공부를 지속하는 원동력이 되기 때문이다. 부록7

자기 신뢰 기르기

스스로 정한 하자는 조항과 말자는 조항을
잊지 않고 실행하는 주의심은
자신을 신뢰하는 마음을 형성한다.
자신을 신뢰하는 마음은
마음으로 하는 공부의 열정을 지속시키는 핵심적인 기반이다.

수업 시간이나 공부할 때에
집중이 흩어지면
다시 집중하려는 한 생각을 챙기는 주의심은
집중력을 증진시킨다.
매일 사고력 대조표 쓰는 것을 잊지 않는 주의심은
사고력을 증진시킨다.

다시 말해서
마음챙김못챙김 대조 공부로 주의력을 길러
챙기는 마음을 실현하면
자기 신뢰가 높아져
스스로 공부하려는 열정이 지속되고,
사고력과 집중력이 증진되어
모든 일에 성공할 수 있다.
그러므로 마음챙김못챙김 대조 공부는
만사 성공의 어머니이다.

마음을 잘 써야 공부를 잘한다

사람들은 모두 일을 성공시키고 싶어 하고, 학생들은 모두 공부를 잘하고 싶어 한다. 그런데 뜻대로 되지 않는다. 성공에도 원리가 있다는 것을 모르기 때문이다. 공부나 일을 성공하기 위해서는 먼저 자기가 자신을 신뢰해야 한다. 자신을 불신하면 어떤 일을 하든 용기가 나지 않고 창의성도 생기지 않아서 공부와 일을 성공시킬 수 없다. 그렇다면 자기 불신과 자기 신뢰는 어디에서 생기는 것일까? 주변에서 보면 약속을 잘 지키는 사람에게는 신뢰가 생긴다. 마찬가지로 자기가 자신에게 한 약속을 잘 지키면 자기 신뢰가 생기고, 자기가 자신에게 한 약속을 지키지 않으면 자기 불신이 생긴다. 자신에게 한 약속이 무엇일까? 그것은 바로 스스로 정한 '하자는 조항'과 '말자는 조항'이다. 따라서 스스로 정한 '하자는 조항'과 '말자는 조항'을 잘 지키면 자기 신뢰가 생기고, 안 지키면 자기 불신이 생기는 것이다. 그러므로 마음챙김못챙김을 대조하면 자기 신뢰가 생겨서 마음으로 하는 공부의 열정을 지속하는 기반을 이루게 된다. 또한 마음챙김못챙김 대조를 일하고 공부하는 데 적용하면 집중력과 사고력이 증진되어 모든 일을 성공시킬 수 있다. 그러므로 마음챙김못챙김 대조 공부는 만사 성공의 어머니이다.

마음챙김의 4차원

주의 즉,
마음챙김에는 4차원이 있다.

1차원 마음챙김(one-dimensional mindfulness)은
단일 마음챙김(single mindfulness)이다.
단일 마음챙김은
어느 한 가지 일만 챙겨서
잊지 않고 실행하는 마음챙김을 말한다.
예를 들면
'나는 그날 배운 것은 반드시 그날 복습한다'라고
마음챙김 조항을 정한 경우
다른 일에는 다 마음을 챙기지 못한다 하더라도
이 조항만은 반드시
잊지 않고 챙겨서 실행하는
마음챙김을 말한다.
마음챙김 공부는
단일 마음챙김 공부부터 시작하는 것이 좋다.

마음을 잘 써야 공부를 잘한다

1차원 마음챙김은 '하자는 조항'이나 '말자는 조항'을 한 가지만 정하고 그 조항을 잊지 않고 실행하는 마음챙김을 말하며, 이를 **단일 마음챙김**이라 한다. 예를 들면 '나는 그날 배운 것은 반드시 그날 복습한다'고 마음챙김 조항을 정한 경우 다른 일은 다 챙기지 못한다 하더라도 이 조항만은 잊지 않고 챙겨서 실행하는 것이 단일 마음챙김이다. 또 다른 예로 '자녀가 어떤 일을 하더라도 잔소리하지 않고 내 마음부터 살펴보는 마음챙김 공부를 1주일 해 보자'로 하자는 조항을 정한 경우 다른 '하자는 조항'과 '말자는 조항'은 다 마음에 두지 말고 오직 이 한 조항만 1주일 내내 실행하면 되는 것이다. 마음챙김 공부의 시작은 단일 마음챙김부터 하는 것이 좋다. 챙기는 마음을 한 곳으로 집중시키기 위해서다. 한 가지 조항에 대해 마음챙김을 실천하여 효과를 보게 되면 마음챙김못챙김 대조 조항을 바꾸어 간다. 마음챙김못챙김 대조를 적용할 사항이 여러 가지가 있다 하더라도 하나씩 하나씩 해 나가는 것이 1차원 마음챙김이다.

2차원 마음챙김(two-dimensional mindfulness)은
복합 마음챙김(compound mindfulness)이다.

여러 가지 일을 동시에

처리해야 하는 상황에서

어느 한 가지 일에만 마음을 챙겨서

다른 일에 실수가 있었다면 그것은

온전한 마음이 아니고 흘어진 마음이며

챙기지 못한 마음이라고 할 수 있다.

예를 들면 학기말에 여러 과목 시험을 보는데

몇 가지 과목에만 마음을 집중해서 공부하고

다른 과목들은 소홀히 해서

전체적으로 평균이 떨어졌다면

그것은 복합 마음챙김을 못한 것이다.

따라서 자기 맡은 바의 모든 일을

잘 살펴서 실행하는 주의심이 바로

복합 마음챙김이며 2차원 마음챙김이다.

마음을 잘 써야 공부를 잘한다

단일 마음챙김이 어느 정도 익숙해지면 '복합 마음챙김'으로 넘어가는 것이 좋다. 복합 마음챙김이란 마음챙김못챙김 대조 조항을 여러 가지로 늘려서 여러 가지 조항을 동시에 챙기는 것을 말한다. 복합 마음챙김의 방법은 이 일을 할 때에 이 일에 집중하면서 자기가 맡은 다른 일에 대한 대중심을 놓지 않는 것이다. 때때로 다른 일이 어떻게 되어 가는지 살피는 마음을 갖는 것이다. 예를 들면 학기말에 여러 과목 시험을 보는데 몇 가지 과목에만 마음을 집중해서 공부하고 다른 과목들은 소홀히 하여 전체적으로 평균이 떨어졌다면 그것은 복합 마음챙김을 못한 것이다. 과목 전체를 살피고 자기 실력을 대조하면서 공부 시간을 적당히 배분하여 전체 과목 공부를 두루 챙기는 것이 복합 마음챙김이다. 단일 마음챙김 공부에서 복합 마음챙김 공부로 전환할 때에는 처음부터 마음챙김 조항 수를 많이 늘리지 말고 둘, 셋, 넷 차차로 늘려 가는 것이 좋다.

3차원 마음챙김(three-dimensional mindfulness)은
조직적 마음챙김(systematic mindfulness)이며
Plan-Do-See(PDS) 마음챙김이라고도 한다.

일을 하기 전에

그 일의 형편을 살피고 연구해서

그 연구한 결과를 따라

하자는 조항과 말자는 조항을 정하고(Plan)

그 하자는 조항과 말자는 조항을 잊지 않고 실행하며(Do)

하자는 조항과 말자는 조항을

실행하였는가 못 하였는가 되돌아보자는 것이다.(See)

마음을 잘 써야 공부를 잘한다

고등학교 학생이 대학 입시 준비를 한다든지, 대학을 졸업하고 회사에 들어가 전문적인 업무를 해 나갈 때에는 복합 마음챙김, 즉 2차원 마음챙김만으로는 그 공부와 일을 성공시킬 수 없다. '마음으로 하는 공부'의 결실도 마찬가지이다. 전문적인 공부나 일을 성공시키는 데에는 '**조직적 마음챙김**', 즉 '**3차원 마음챙김**'의 적용이 필요하다. 조직적 마음챙김의 첫 단계는 일을 하기 전에 그 일의 형편을 살펴서 그 일을 어떻게 해결할 것인지 그 방법을 미리 연구하고, 그 연구한 결과에 따라 '하자는 조항'과 '말자는 조항'을 정하는 것이다. 이는 계획을 수립하고 그 계획 달성을 위한 실행 조항을 정하는 것이다. 이 단계를 **계획(Plan)**이라 한다. 조직적 마음챙김의 둘째 단계는 첫 단계에서 정한 하자는 조항과 말자는 조항을 잊지 않고 실행하는 단계이다. 이 단계를 **실행(Do)**이라 한다. 조직적 마음챙김의 마지막 단계는 '하자는 조항'과 '말자는 조항'에 실행이 되었는가 못 되었는가를 되돌아보는 단계이다. 이 단계는 **성찰(See)**이라 한다. 계획(Plan)-실행(Do)-성찰(See)은 경영의 원리이다. Plan-Do-See(PDS) 마음챙김 공부를 하면 경영사고력과 주의력이 동시에 증진되어 목적하는 공부와 일을 성공시킬 수 있다.

학기말 고사에 모든 과목 시험을 잘 보려면
구체적 공부 계획을 세워 놓고,
하자는 조항과 말자는 조항을 정한다.
하자는 조항과 말자는 조항을 실행한 후에
하루를 마치고 하자는 조항과 말자는 조항이
실행이 되었는지 못 되었는지 되돌아보면
조직적 마음챙김을 실행한 것이다.

예를 들어 보자. 고등학교 학생이 학기말 시험을 보는데 시험 보는 과목도 많고 범위도 많아서 계획 없이 공부하다가는 한두 과목만 하다가 나머지 과목 시험은 그르칠 수도 있다. 따라서 전 과목 시험을 모두 잘 보려면 먼저 시험이 어떻게 전개될지를 살펴보아 어떻게 공부할 것인지 작전 계획을 잘 짜야 한다. 공부할 범위와 내용을 살펴보고 공부할 시간을 살펴보고 전체 공부 계획을 짜서 시간을 적절하게 배정하는 것은 계획(Plan)에 해당한다.

Plan 단계에서는 구체적 공부 계획을 짜되 '하자는 조항'과 '말자는 조항'을 정해야 한다. '하자는 조항'은 '계획한 공부를 때에 맞춰 하자', '시험 준비는 일찍 시작하자', '공부할 때에 그 일 그 일에 집중하자' 등이 있고, '말자는 조항'은 '시험 기간에 스마트폰을 보지 말자', '게임에 빠지지 말자', '밥을 너무 많이 먹지 말자' 등이 있다.

Do 단계에서는 계획한 '하자는 조항'과 '말자는 조항'을 실행하기에 주의하면서 중간중간에 '하자는 조항'과 '말자는 조항'이 실행이 되었는지 못 되었는지 대조하는 마음을 가져야 한다.

조직적 마음챙김 공부에서 반드시 실행해야 하는 단계는 See 단계이다. 하루를 마치고 반드시 '하자는 조항'과 '말자는 조항'의 실행 여부를 되돌아보고 점검하여 계획대로 안 되었으면 그 원인을 살펴보아 다음 날은 반드시 계획을 성공시킬 수 있도록 전략을 다시 짜야 한다.

마음챙김의 마지막 단계
4차원 마음챙김(four-dimensional mindfulness)은
무의식적 마음챙김(automatic mindfulness)이다.
무의식적 마음챙김은
마음챙김을 한다는 생각조차 없는 마음챙김이다.

1·2·3차원 마음챙김 공부를
하고 또 해서 챙기지 않아도
저절로 1·2·3차원 마음챙김이 되어지면
이를 4차원 마음챙김이라 한다.

4차원 마음챙김은
우리 모두가 지향하는 목표이며,
4차원 마음챙김에 도달되었을 때
우리는 원대한 꿈을 이룰 수 있는
주의력을 소유하였다 한다.

마음으로 하는
공부의 원칙,
인성관리

인성을 관리해야 공부를 잘한다

공부는 인성으로 결실을 거둔다

마음으로 하는 공부는
열정으로 씨를 뿌리고 인성으로 결실을 거둔다.
누구나 공부에 결실을 거두고 싶어 한다.
그렇다면 누가 최종적으로
공부에 가장 큰 결실을 거둘 수 있을까?
보통 머리가 좋고 학원을 많이 다녀
청소년기에 성적이 우수한 학생이
공부에 큰 결실을 거둘 수 있다고 생각한다.

그러나 공부에 가장 큰 결실을 거두는 것은
결국 인성을 잘 가꾼 사람이다.

청소년기에 공부를 잘해서
촉망받던 학생들이 대학에 진학하면
스스로 공부하려는 열정을 놓아 버리고
이제까지 쌓아 온 역량들을
흘어 버리는 모습을 종종 본다.
공부에 결실을 거두려면
열정의 불씨가 끊임없이 지펴져야 한다.

지펴진 그 불씨를
어떠한 유혹 속에서도 지켜서
결실에 이르게 하는 것 그것이 바로 인성이다.

인성은 미래다

지금 빛나는 삶을 살고 있어도
그것이 영원한 것은 아니다.
현재의 빛남은 과거에 뿌린 씨가
현실에 나타난 모습일 뿐이다.
우리의 미래가 빛나려면
지금 씨를 뿌리고 인성으로 가꾸어서 결실을 거두어야 한다.

인성은 사람의 성품이다.
사람의 본성은 누구나 다 원래 맑고 깨끗하다.
그러나 우리 각자의 인성은
마음 쓰는 습관에 따라 다르게 형성되고
사람의 미래는 각자의 인성에 따라 다르게 전개된다.
그러므로 미래를 잘 개척하려면
인성을 잘 가꾸어야 하고
인성을 잘 가꾸려면
마음 쓰는 습관을 관리해야 한다.

자라나는 청소년들의 인성은
개인·가정·사회·국가의 운명을 좌우한다.
그러므로 인성은 미래다라고 한다.
인성은 가꾸지 않은 채
꿈도 없이 성공만을 위해 달려가고 있는 아이들,
과연 이대로 두어도 될 것인가?

본성(本性)**13**이란 사람이 선천적으로 타고난 성질을 말하며, 인간의 근원적 본래 성품을 이르는 것으로 본연지성(本然之性)**14** 이라고 한다. 인간의 본연지성은 누구나 다 원래 맑고 깨끗한 것이다. 인성이란 사람이 가지고 있는 인격적 성품을 말한다. 사람이 가지고 있는 인격적 성품은 각기 다 다르다. 사람의 인성은 마음 쓰는 습관에 따라 다르게 형성되고 사람의 미래는 그 사람의 인성에 따라 다르게 전개된다. 그러므로 우리 각자가 미래를 잘 개척하려면 먼저 인성을 잘 가꾸어야 한다. 인성을 잘 가꾸려면 마음 쓰는 습관을 관리해야 한다.

자라나는 청소년들의 인성은 개인·가정·사회·국가의 미래를 좌우한다. 그러므로 '인성은 미래다'라고 한다. 요즈음 인성은 가꾸지 않은 채 꿈도 없이 성공만을 위해 달려가고 있는 아이들이 많다. 우리 아이들을 과연 이대로 놓아두어도 될 것인가?

---

13 본성에 대한 학설은 다양하다. 성선설, 성악설, 무선무악 능선능악설 등이 대표적이다.
14 본연지성: 주자학에서 이(理)에서 선천적으로 생긴, 인간의 순수하고 선한 본성이다. 이(理)와 기(氣)가 합하여 생긴 기질지성(氣質之性)과 더불어 인성을 이루는 요소이다. [김도기. (1995). **본연지성**. 한국민족문화대백과사전. http://encykorea.aks.ac.kr/Contents/Item/E0023756]

인성은 관리의 대상이다

인성은
방치의 대상이 아니라
소중히 관리해야 할 대상이다.
인성을 방치하면
그 속에 결함이 자라나고,
인성 속의 작은 결함은
현실 속에서 태풍을 몰고 올 수도 있고,
내 인생의 앞길을 막는 장애물이 될 수도 있다.

한 학생의 속마음을 들어 보자.

공부가 지독히도 하기 싫은 날,
어머니는 나에게 맛있는 간식을 가져다 주고
잘나가는 과외 선생님까지 붙여 줬지만
나는 아무것에도 흥미가 없다.
아무리 봐도 내 안에 문제가 있는 것 같다.

내 안의 문제는 여러 가지다.
공부를 왜 하는지 모르겠다.
공부가 하기 싫다.
집중이 안된다.
공부가 재미없다.
아무리 노력해도 공부에 진척이 없다.

마음을 잘 써야 공부를 잘한다

이 모든 문제들의 원인을 파헤쳐 들어가면
결국 인성을 방치해서 나온 문제임을 알 수 있다.

사람들은 이 원리를 모르고
공부를 잘하기 위해
과외나 학원 같은 외적 힘에
의존하려고 한다.
그러나 인성을 방치해서 나온 이 문제들은
외적인 힘만으로는 해결할 수 없다.
그렇다면 이 문제들을 어떻게 해결할 수 있을까?

인성을 관리해야 한다.
인성을 관리해서
인성 속의 결함을 제거하면
인성을 방치해서 나온 문제들이 해결되어
공부를 잘하는 길이 생긴다.
인성을 관리하려면
마음 쓰는 법을 알아서
마음 잘 쓰는 습관을 들여야 한다.
따라서 마음을 잘 써야 공부를 잘한다라는
말을 하게 된 것이다.

마음을 잘 써야 공부를 잘한다

인성은 방치의 대상이 아니라 소중히 가꾸어야 할 관리의 대상이다. 인성을 방치하면 그 속에 결함이 자라나고, 인성 속의 작은 결함은 현실 속에서 태풍을 몰고 올 수도 있고, 내 인생의 앞길을 막는 장애물이 될 수도 있다. 학생들이 가지고 있는 공부의 문제는 다양하다. 공부하기가 싫고, 공부하기가 어렵고, 아무리 노력해도 공부에 진전이 없다고들 한다. 그러나 이 모든 문제들의 원인을 파헤쳐 들어가면 결국 인성을 방치해서 나온 것임을 알 수 있다. 공부 습관·공부 열정·사고력·집중력·주의력, 이 모든 역량들은 건전한 인성의 기반 위에 건설되는 학습역량들이기 때문에 인성을 방치하여 그 기반이 무너지면 학습역량들도 따라서 무너지고 만다. 사람들은 이 원리를 모르고 공부를 잘하기 위해 과외나 학원 같은 외적 힘에 의존하려고 한다. 그러나 인성에 뿌리한 이 문제들은 외적인 힘만으로는 해결할 수 없다. 그렇다면 이 문제들을 어떻게 해결할 수 있을까? 인성을 관리해서 인성 속의 결함을 제거하면 인성에 뿌리한 문제들이 해결되어 공부를 잘하는 길이 생긴다. 인성을 관리하려면 마음 쓰는 법을 알아서 마음을 잘 쓰는 습관을 길러야 한다. 따라서 '마음을 잘 써야 공부를 잘한다'라는 말을 하게 된 것이다.

인성을 어떻게 관리할 것인가?

근본이 서면 나아갈 길이 생긴다

2014년 국회에서
인성교육진흥법이 통과되었다.
인성교육진흥법이 목표로 하는 것은
자신의 내면을 바르고 건전하게 가꾸고
타인·자연·공동체와 함께 살아가는
성품을 기르는 교육을 진흥하는 것이다.

그러나 요즘 청소년들은
인성을 기르는 데 관심을 두지 않는다.
오직 어떻게 하면 남들보다 공부를 잘할 수 있을까에
관심의 초점을 맞추고 있다.
이러한 청소년들에게
어떻게 인성관리에 관심을 갖게 할 수 있을까?
그 방법은 청소년들에게
인성을 관리하면 공부를 잘한다는
원리를 알게 하는 것이다.
그렇다면 그 원리는 무엇일까?
왜 인성을 관리하면
공부를 잘하게 되는 것일까?

그것은

인성관리와 자력학습이

하나의 공통 법칙으로 이루어졌기 때문이다.

인성관리와 자력학습의 공통 법칙은

경계를 대할 때마다 마음 작용하는 법을 관리하라는 것이다.

인성관리로 경계를 대할 때마다

마음 작용하는 법을 관리하는 능력을 키워 나가면

학습을 할 때에 마음 작용하는 법을 관리하는 능력도

함께 증진되어 공부를 잘하게 되는 것이다.

인성은 학습의 근본이다.

따라서 마음을 잘 쓰면 공부를 잘한다는 것은

인성관리로 학습의 근본인 인성을 먼저 세우면

학습에 마땅한 길이 생겨서

공부에 결실을 거둘 수 있다는

의미를 함축하고 있다.

　유교『사서(四書)』의 하나인『대학(大學)』에는 "사물에는 본과 말이 있다(物有本末)"[15] 하였고,『논어(論語)』학이편에는 "군자는 근본에 힘쓰니, 근본이 서면 나아갈 길이 생긴다(君子務本 本立而道生)"[16]라고 하였다. "인성을 관리해야 공부를 잘한다"는 원리는 "근본이 서면 나아갈 길이 생긴다"는 논어의 말씀에 근거하고 있다. 이 말씀들을 인성과 학습에 적용해 보면 인성이 근본이 되고 학습은 말(末)이 된다. 그러므로 인성을 먼저 세우면 학습에 마땅하고 바른 길이 생겨서 공부에 결실을 거둘 수 있다는 결론을 얻게 된다. 이러한 원리에 바탕하여 '마음을 잘 써야 공부를 잘한다', '인성을 관리해야 공부를 잘한다'는 말을 하게 된 것이다.

---

15 유교경전번역위원회. (2021). **사서** (p.3). 서울: 성균관.
16 장기근. (1991). **논어** (p. 53). 서울: 명문당.

경계란 무엇인가?

일반적으로 경계(境界: sensory condition)는
'인식의 대상' 혹은
'마음 작용을 일어나게 하는
환경이나 조건'을 뜻한다.

그러나 엄밀히 말하면
경계란 특정하게 정해진 대상만을 말하는 것이 아니다.

경계를 정확히 정의하면
인식의 주체인 마음(내적 조건)과
인식의 대상(외적 조건)이 마주쳐 형성되는
조건이라고 할 수 있다.

늘 자신을 놀리는 친구가 있는데 그 친구만 보면 화가 나고 짜증이 나는 이유는 그 친구가 경계이기 때문이다. 그러나 엄밀히 말하면 경계란 특정하게 정해진 대상만을 말하는 것이 아니다. 아무리 나를 놀리는 친구의 말이라도 내 마음이 기쁘고 자신감이 충만해져 있을 때는 별다른 동요를 일으키지 않지만, 내 마음이 우울할 때는 나를 놀리는 친구의 말이 큰 동요를 일으킬 수 있다. 친구의 말은 똑같은데 내 마음 상태에 따라서 동요가 일어날 수도 있고 일어나지 않을 수도 있다는 것이다. 반대로 내 마음은 아무 생각이 없는데 부모님의 잔소리를 들으면 짜증이 나고 누군가의 칭찬을 들으면 기쁜 마음이 나듯 그 대상에 의해 내 마음 작용이 달라지는 경우도 있다.

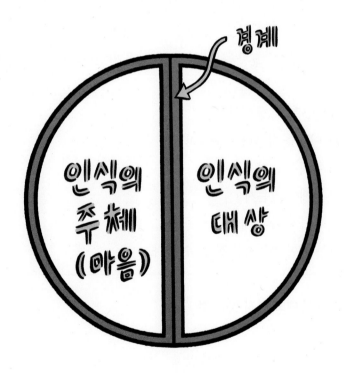

인성관리란 무엇인가?

앞에서 설명한
경계를 대하여 일어난 마음 작용에는
하나의 공통점이 있다.
그것은 마음 작용이
경계에 지배되어 일어났다는 것이다.

인성관리란
경계를 대할 때 그 마음 작용이
경계에 지배되지 말고 경계를 지배하도록,
마음 작용하는 습관을 관리하는 것을 말한다.

내 자신을 자세히 들여다보면
과연 내 마음을 작용하는 주권이
나 자신에게 있는지
아니면 경계에 있는지
내 스스로가 얼마나 내 마음 작용을
통제하는 힘이 있는지를 잘 알 수 있다.

마음이 마음대로 되지 않는 것.
인성관리를 통해서
마음 작용이 경계에 지배되지 않고
경계를 지배하도록 통제하면
스스로 공부를 잘할 수 있는 능력을 얻게 된다.

마음을 잘 써야 공부를 잘한다

인성을 관리하여 마음 작용을 통제하는
인성관리 삼 단계 공식[17]은 다음과 같다.

1단계 : 경계를 대할 때마다
일단 멈추어서 온전한 정신[18]을 회복한다.

2단계 : 생각을 궁굴려서 바른 판단을 얻는다.

3단계 : 그 판단 결과에 따라 그른 것은 버리고
옳은 것은 취하는 결단을 내린다.

왜 인성관리 삼 단계 공식으로
인성을 관리하면 공부를 잘하게 될까?
공부를 잘하는 학생들과 공부를 잘하지 못하는 학생들의
마음 작용하는 습관을 비교해 보면 알 수 있다.

---

17 무온선자의 국가 경영 지혜 (일등국 염원) 중 '인성은 관리의 대상' (p. 52) 에서 인용한 개념이다. [무온선자. (2018). **국가 경영 지혜** (일등국 염원). 익산: 원불교출판사.]

18 온전한 정신: 대종경 초록 필사본에서는 온전한 정신을 일심(一心)이라 기술하고 있다. [**대종경 초록 필사본.** (구룡상사원 편집정리). (2019). 익산: 원불교역사박물관.]

공부를 잘하는 학생들의
마음 작용하는 습관을 살펴보면
이 학생들은 공통적으로
유혹하는 경계를 만나면
일단 멈추어 온전한 정신을 회복하고,
생각을 궁굴려 바른 판단을 얻고,
그 판단 결과에 따라
그른 것은 버리고 옳은 것은 취하여
결단 있게 실천하는
습관을 가지고 있음을 알 수 있다.

반면 공부를 잘하지 못하는 학생들의
마음 작용하는 습관을 살펴보면
유혹하는 경계를 만나면
멈추지 않아서 온전한 정신을 잃어버리고,
옳은 것과 그른 것을 판단하지 못하고,
자기 하고 싶은 대로 하는
습관을 가지고 있음을 알 수 있다.

그러므로 공부를 잘하는 학생들이 가지고 있는
공통적인 습관들을 그대로 따라 해 보아서 익혀 나가면
누구나 공부를 잘할 수 있다.
공부 잘하는 학생들이 가지고 있는
공통적인 습관들을 뽑아내면
그것이 인성관리 삼 단계 공식이 된다.

과학자들이 인류 역사에서 가장 창의적인 사고를 통해서 세상을 변화시킨 인물들의 사고 과정을 살펴본 결과 공통점이 있는 것을 발견하였고, 그 공통적 사고 과정을 모아 '창의과정(creative process)'[19]이라는 논리적 과정을 만들었다. '창의과정'을 만든 과학자들은 누구든지 이 '창의과정'을 실습하면 창의적 사고를 할 수 있다고 하였다. 이와 비슷하게도 공부를 잘하는 학생들의 마음 작용하는 습관을 살펴보면 공통점이 발견된다. 그 공통점은 일단 멈추어 경계에 끌리는지 안 끌리는지 **마음바탕**[20]을 잘 살펴 안 후에 온전한 정신을 회복하고, 어떤 것이 옳은 것인지 어떤 것이 그른 것인지 생각을 궁굴려 바른 판단을 얻은 후에, 그른 것은 버리고 옳은 것은 취하여 결단 있게 실천하는 습관이다. 따라서 창의과정 실습에서와 같은 원리로 우리들이 인성관리 삼 단계 공식을 실습하면 누구나 다 인성관리를 통해 스스로 공부를 잘하도록 자신을 통제할 수 있다.

---

19 창의과정은 4개 과정, 10단계로 되어 있는데 4개 과정은 준비 과정 (preparation phase), 부화 과정 (incubation phase), 발현 과정 (illumination phase), 실행 과정 (execution phase)이며, 10단계는 동기 부여 (motivation), 문제 정의 (definition of problem), 정보 수집 (information search), 정보 평가 (information evaluation), 해법 기술 (solution technique), 해법 산출 (solution generation), 마음 좌절 (mind frustration), 아이디어 암시 (idea intimation), 종합 (synthesis), 증명 (verification) 이다. [Yan, H. (1998). **Creative Design of Mechanical Devices** (p. 36). Singapore: Springer.]

20 마음바탕: 마음의 바탕, 심지(心地), 심전(心田). 땅에서 잡초도 나고 곡식도 나는 것처럼 마음의 바탕에서는 선한 마음도 나고 악한 마음도 난다. 농부가 농사를 잘 지으려면 밭을 잘 살펴서 잡초가 나는지 곡식이 나는지 알아야 하는 것처럼 인성관리를 잘하려면 마음바탕을 잘 살펴서 경계에 끌려서 온전하지 못한 마음이 일어나는지 경계에 끌리지 않아서 온전한 마음이 일어나는지 알아야 한다.

인성관리 삼 단계 공식

온전한 정신을 회복하는 공식: 멈살돌!

인성관리 삼 단계 공식 1단계는

경계를 대할 때마다 일단 멈추어서
온전한 정신을 회복한다.

세부공식 1 멈춤(stop)

온전한 정신을 회복하려면

경계를 대할 때 마다 일단 마음 작용을 멈추라는 것이다.

이는 마치 운전하다가 빨간 신호등을 보면

브레이크를 밟고 차를 세우는 것과 같다.

빨간 신호등이 들어왔는데도

차를 멈추지 않으면 사고가 나는 것처럼

경계를 대할 때 마음 작용을 멈추지 않으면

마음 작용이 경계에 끌리게 된다.

경계에 끌린 첫 생각은 뒤따르는 생각을 오염시킨다.

이것이 마음 작용이 경계에 지배된 것이다.

따라서 경계를 대했을 때

일단 마음 작용을 멈추는 것은

온전한 정신을 회복하는 첫걸음이다.

마음을 잘 써야 공부를 잘한다

인성관리 삼 단계 공식의 1단계는 경계를 대할 때마다 마음 작용을 일단 멈추어서 "앗! 경계다! 공부할 때가 돌아왔다"하고 주의심을 챙기라는 것이다. 이는 마치 빨간 신호등을 보면 브레이크를 밟고 차를 세우는 것과 같다. 빨간 신호등이 들어왔는데도 차를 멈추지 않으면 사고가 나는 것처럼 경계를 대할 때 마음 작용을 멈추지 않으면 연이은 생각들은 앞 생각에 의해서 오염되고, 현재의 생각은 뒤따르는 생각을 오염시켜서 오염된 생각들이 지속되는데 이를 '경계에 지배당한 마음 작용'이라고 하고 또는 '오염된 생각들의 행렬(the train of contaminated thoughts)'이라고도 한다.

공부하는 데 있어서도
마음의 브레이크는 매우 중요하다.
학생들이 학교에 다녀와
공부로 지친 피곤한 마음에 컴퓨터나 게임기를 보면
게임을 하고 싶은 마음에 바로 끌리게 된다.
공부로 지친 마음과
눈 앞에 보이는 컴퓨터나 게임기가
경계를 형성한 것이다.

이 경계를 대하여
마음 작용을 일단 멈추지 않고
하고 싶은 대로 한 결과는
숙제를 못 하게 되고
복습을 못 하게 되며
예습도 못 하게 되고
결국은 수업 시간에 집중도 못 하게 되는
4중 추돌 사고이다.

그러므로 경계를 대하여
일단 마음 작용을 멈추는 것은
마음으로 하는 공부의
첫걸음을 내딛는 것이다.

예를 들어 보자. 학교에 다녀와서 방문을 열었는데 컴퓨터나 게임기가 눈앞에 보였다고 하자. 이 상황이 경계인 것이다. '학교에서 공부하느라 힘들었는데 게임이나 하며 쉬어 볼까' 하는 생각을 일으키는 조건이 형성되었기 때문이다. 이 때에 일단 멈추지 않으면 마음 작용이 경계에 끌려서 그날 해야 할 일은 뒤로 하고 우선 눈앞에 보이는 게임에 시간을 허비하다가 숙제할 시간도 부족하여 숙제는 대충하고, 예습·복습은 아예 하지도 않게 된다. 어떻게 이런 학생이 스스로 공부하려는 열정으로 공부를 지속할 수 있겠는가? 그러므로 **경계를 대하여 일단 멈추는 것**은 '마음으로 하는 공부'의 첫 걸음을 내딛는 것이다.

세부공식 2 살핌(examine)

일단 마음 작용을 멈추었으면
마음이 경계에 끌리는가 안 끌리는가
마음바탕을 잘 살펴 알라는 것이다.

방과 후 학생이 컴퓨터나 게임기 앞에서
마음을 일단 멈추었어도
경계에 지배되지 않으려면
마음이 경계에 끌리는가 안 끌리는가
잘 살펴 알아야 한다.
그렇지 않으면 경계에 끌린 마음이
행동으로 옮겨지게 되고
경계에 끌린 그 마음이 행동을 지배하게 된다.

고등학생 한 명이 중간고사에서
수학·영어 성적이 많이 떨어졌다.
방과 후 학원을 세 군데 다니는데
어머니가 학원을 두 군데 더 다니라고 하신다.
마음이 요란하고 짜증이 난다.
하지만 학생은 이것이 경계라는 것을
알아차리고 일단 마음을 멈추었다.
그리고 자세히 마음바탕을 살펴본 결과
하기 싫고 짜증 나는 마음이 일어난 것을 알아차렸다.

우리의 마음바탕은 땅과 같다. 땅에서는 잡초도 나고 곡식도 나는 것과 같이 마음바탕에서는 바른 생각도 일어나고 바르지 않은 생각도 일어난다. 농부가 농사를 잘 지으려면 먼저 밭에 잡초가 나는지 곡식이 나는지 잘 살펴 알아야 하는 것처럼 인성관리를 잘하려면 먼저 마음바탕을 잘 살펴서 경계에 끌려 바르지 않은 생각이 일어나는가 경계에 끌리지 않아 바른 생각이 일어나는가 알아야 한다.

예를 하나 더 들어 보자. 고등학생 한 명이 중간고사에서 수학과 영어 성적이 많이 떨어졌다. 학생 어머니가 걱정이 되어 학생 친구의 부모와 상담을 하고 와서는 학생에게 방과 후 학원 3개 다니던 것을 5개로 늘리라고 하신다. 학생은 방과 후 학원 3개도 버거운데 5개로 늘리라고 하시니 싫은 생각에 마음이 요란해졌다. 이러한 상황은 부모 자녀 사이의 갈등으로 번져 갈 수 있는 상황이다. 그러나 이 학생은 인성관리 공식을 배웠기 때문에 짜증 나는 마음 작용을 일단 멈추고 마음바탕을 살펴보았다. 그랬더니 방과 후 학원 3개 다니는 것도 버거운데 2개 더 다니라 하시는 어머니 말씀을 듣고 하기 싫은 마음과 짜증 나는 마음이 일어난 것을 알아차렸다.

세부공식 3 돌이킴(restore)

경계를 대하여 마음 작용을 멈추고

마음바탕을 잘 살펴 안 후에는

경계를 따라 요란해진 그 마음의 상태를

원래 요란함이 없는

온전한 정신을 돌이키라는 것이다.

요란함이란 마음이 경계에 끌려서

안정을 얻지 못하고

기쁘고, 화나고, 슬프고, 즐겁고,

좋아하고, 싫어하는 마음으로

술렁거리는 것을 말한다.

요란한 마음 상태에서는

자력학습의 필수 요건인

사고력·집중력·주의력이 그 기능을 잃고

자기통제능력이 상실되어

공부에 집중할 수 없고

바른 판단력이 서지 못한다.

그러므로 경계를 따라 요란해진 그 마음의 상태를

원래 요란함이 없는

온전한 정신으로 돌이키는 것은

마음으로 하는 공부의 첫 관문이다.

마음을 잘 써야 공부를 잘한다

멈추고 살펴서 마음바탕에 요란함이 일어난 것을 알아차린 후에는 온전한 정신을 돌이켜야 한다. 멈추고 살펴서 경계를 따라 마음바탕에 요란함이 일어난 것을 알아차리기까지는 노력하면 누구나 다 할 수 있다. 그러나 경계에 끌려서 요란해진 그 마음의 상태를 경계에 끌리기 이전의 온전한 정신으로 돌이키는 것은 쉬운 일이 아니다. 우리가 경계에 끌려서 요란해진 그 마음의 상태를 온전한 정신으로 돌이키느냐 못 돌이키느냐에 의해서 인성관리의 성패가 결정된다는 것을 알아서 힘써 노력해야 한다.

온전한 정신 돌이키기1 대조하며 살펴보기

경계에 끌려서 요란해진 그 마음의 상태를
원래 요란함이 없는 온전한 정신으로 돌이키는
요긴한 방법이 있다.

그것은 경계를 대하여 마음바탕에 요란함이 일어나는
바로 그 순간을 살펴 알라는 것이다.
우리의 마음은 미묘해서
경계를 대하여 마음바탕에
요란함이 일어나는 바로 그 순간을 살펴 알면
경계를 따라 일어난 그 요란함을 돌이킬 수 있다.
그러나 그 순간을 놓쳐 버리면 그 요란함은 지속된다.

어떻게 요란함이 일어나는
바로 그 순간을 살펴 알 수 있을까?

경계를 대할 때마다
마음바탕에 요란함이 있었는가 없었는가
대조하며 살피다 보면
요란함이 일어나는 바로 그 순간을 알아차릴 수 있다.
대조는 둘을 맞대어서 같고 다름을 비추어 보는 것이다.
요란함이 일어나는 바로 그 순간을 확실히 살펴 알면
경계를 따라 일어난 요란함은 스스로 사라진다.

어떻게 요란해진 마음의 상태를 원래 요란함이 없는 온전한 정신으로 돌이킬 수 있을까? 경계를 대하여 마음바탕에 요란함이 일어나는 바로 그 순간을 살펴 알면 된다. 그렇다면 어떻게 요란함이 일어나는 바로 그 순간을 확실히 살펴 알 수 있을까? 그 방법은 경계를 대할 때마다 **'마음바탕에 요란함이 있었는가 없었는가'** 대조하며 살펴보는 것이다. 대조는 **'둘을 맞대어서 같고 다름을 비추어 보는 것'**이다. 복사본 서류를 접수했는데 진짜인지 가짜인지 알고 싶으면 그 서류를 원본에 대조해 보면 된다. 이와 마찬가지로 경계를 대할 때 마음바탕에 요란함이 있었는가 없었는가 대조하며 살펴보면 요란함이 일어나

는 그 순간을 확실히 살펴 알 수 있다. 요란함이 일어나는 바로 그 순간 확실히 살펴 알면 경계를 따라 일어난 요란함은 스스로 사라진다. 요란함이란 경계에 끌릴 때 마음바탕에 일어나는 반향(反響)21이기 때문에 경계에 끌려서 요란함이 일어난 줄을 알아차리면 요란함은 스스로 사라지는 것이다.

---

21 반향: 소리가 어떤 장애물에 부딪쳐서 반사하여 다시 들리는 현상. 메아리. [한글학회. (1994). **우리말 큰사전**. 서울: 어문각.]

온전한 정신 돌이키기2 대중 잡아 살펴 알기

공부나 일을 하는 도중에는
경계를 대할 때마다 요란함이 있었는가 없었는가,
대조하며 살펴 알기란 쉽지 않다.
관심의 초점이 공부와 일에 집중되어 있기 때문이다.
공부나 일을 하는 도중에도
경계에 끌려서 마음바탕이 요란해지려는
바로 그 순간을 살펴 알아서
원래 요란함이 없는 온전한 정신을
돌이키는 요긴한 방법이 있다.

그것은 공부나 일을 하는 도중에 경계를 만나면
끌리고 안 끌리는 대중을 잡으라는 것이다.
여기서 대중을 잡는 것은 대강 헤아려 짐작하는 것을 말한다.
공부나 일을 하는 도중에도 경계를 대하여
끌리고 안 끌리는 대중을 잡아 가면
공부나 일을 계속하면서도
경계에 끌려서 마음바탕에
요란함이 일어나는 그 순간을 살펴 알 수 있고
요란함이 일어나는 그 순간을 살펴 알게 되면
경계에 끌려서 일어난 요란함은 스스로 사라진다.

　예를 하나 들어 보자. 며칠 후 수학 시험이 있어서 시험공부에 집중을 하고 있는데 거실에서 월드컵 중계 소리가 들려오니 월드컵 경기를 보고 싶은 요란함이 일어난다. 이때에 시험공부를 일단 멈추고 마음바탕에 요란함이 있었는가 없었는가 살피고 대조하면 원래 요란함이 없는 온전한 정신을 돌이킬 수 있다. 그러나 이렇게 하면 모처럼 시험공부에 집중이 잘 되던 마음은 사라지고, 다시 집중을 해야 하는 어려움이 생기게 된다. 그렇다고 월드컵 경기에 끌려서 요란해지는 마음을 방치해 두고 시험공부에만 집중하려다 보면 그 요란함은 점차 증폭되어 통제하기 어려운 상태가 된다. 어떻게 해야 시험공부에 집중하면서도 경계에 끌려서 일어나는 요란함을 없게 할 수 있을까? 이럴 때에는 시험공부에 집중을 계속하는 한편 끌리고 안 끌리는 대중을 잡아 가면 집중을 계속하면서도 요란함이 일어나는 그 순간을 살펴 알 수 있고, 요란함이 일어나는 그 순간을 살펴 알게 되면 경계에 끌려서 일어난 요란함은 통제할 수 있다.

온전한 정신 돌이키기3 관심 돌려 집중하기

경계에 끌려서 요란해진 그 마음의 상태를
원래 요란함이 없는 온전한 정신으로
돌이키는 요긴한 방법이 또 하나 있다.

경계를 대할 때마다 마음바탕을 잘 살펴서
경계에 끌려서 일어난 생각들을
알기는 하되 짝하지²² 말라는 것이다.
예를 들어 친구와 공원에서 만나기로 약속했는데
나가지 않으면 친구가 기다리다 돌아가는 것처럼
경계에 끌려서 일어난 생각들도
짝하지 않으면 스스로 사라진다.
경계에 끌려서 일어난 생각들과 짝하지 않는 방법은
관심을 돌려 다른 곳에 집중하는 것이다.
악기 연주에 집중할 수도 있고,
서예에 집중할 수도 있고,
평소에 집중이 잘되는 곳에 집중을 하여
경계에 끌려서 일어난 생각들에 관심을 두지 않으면
그 생각들은 스스로 사라진다.

---

22 짝하다: 어떤 사람과 한 편이 되다. [사전연구회 이기문 감수. (2013). **동아 새국어사전**. 서울: 동아출판.] 둘이 어울려 한 벌이나 한 쌍이 되다. [네이버 국어사전]

마음을 잘 써야 공부를 잘한다

경계를 따라 요란해진 그 마음의 상태를 원래 요란함이 없는 온전한 정신으로 돌이키는 또 하나의 요긴한 방법은 경계에 끌려서 일어난 생각들을 알기는 하되 짝하지 말라는 것이다. 하지만 문제는 우리 마음은 묘해서 경계에 끌린 생각들과 저절로 짝하고 싶어 한다는 것이다. 우리의 마음이 경계에 끌려 일어난 생각들에 관심을 두기 때문이다. 그러므로 경계에 끌려 일어난 생각들과 짝하지 않는 방법은 '**관심의 방향을 돌려 다른 곳에 집중하는 것이다.**' 악기 연주에 집중할 수도 있고, 서예에 집중할 수도 있고, 평소에 집중이 잘되는 곳에 집중을 하여 경계에 끌려 일어난 생각들에 관심을 두지 않으면 그 생각들은 <u>스스로 사라지는</u> 것이다.

생각을 궁굴려 바른 판단을 얻는 공식: 관생판!

인성관리 삼 단계 공식 2단계는

생각을 궁굴려서 바른 판단을 얻는다.

세부공식 1 관찰(observe)

생각을 궁굴려서 바른 판단을 얻으려면
먼저 경계에 관련된
모든 사람들의 마음과 사물의
큼·작음·변화를 관찰해야 한다.

큼을 관찰한다는 것은
관련된 사람들 전체의 마음 상태와
전개된 사건의 본질과 핵심을 관찰하는 것을 말하고
작음을 관찰한다는 것은
관련된 사람들과 사물 낱낱의 특성을 관찰하는 것을 말하며
변화를 관찰한다는 것은
관련된 사람들과 사물의 전체와 낱낱의 변화를
관찰하는 것을 말한다.

인성관리 삼 단계 공식 1단계 경계를 대할 때마다 일단 멈추어서 온전한 정신을 회복한다를 적용하여 마음 작용을 일단 멈추고, 경계에 마음이 끌렸는지 안 끌렸는지, 마음바탕에 요란함이 있었는지 없었는지 잘 살펴 알고, 원래 요란함이 없는 온전한 정신을 돌이킨 후에는 인성관리 삼 단계 공식 2단계 **'생각을 궁굴려서 바른 판단을 얻는다'**를 적용해야 한다. 생각을 궁굴려서 바른 판단을 얻으려면 먼저 **경계와 관련된 모든 사람들의 마음과 사물의 큼·작음·변화를 관찰해야 한다.** 큼·작음·변화의 관찰은 이미 사고력에서 자세히 설명한 바 있다. 사고력에서 큼·작음·변화의 관찰 대상은 하루의 해야 할 일과 하고 싶은 일로 한정되어 있지만 인성관리에서 큼·작음·변화의 관찰 대상은 경계와 관련된 모든 사람들의 마음과 사물로 확장된다.

앞의 예를 다시 살펴보자.

학생은 관련된 사람들과 사물의

큼·작음·변화를 관찰해 보았다.

지금 전체적으로 입시 경쟁이 과열되어 있고

학생의 어머니는 학생의 성적이 떨어져 예민해져 있다.

친구의 어머니는 친구의 성적이 많이 올라

매우 흡족해 하며

어머니에게 학원 정보를 많이 전해 주었다.

어머니가 다니라는 학원은

학생들의 성적이 많이 올라 인기가 많다.

하지만 학원을 3개에서 5개로 늘리면

체력이 받쳐 주지 못할 것 같다.

그리고 무조건 성적이 오른다는 보장도 없다.

만약 여기서 어머니에게 저항한다면

어머니와 갈등이 생길 것 같다.

앞의 예를 다시 들어 보자. 이 학생은 방과 후 학원 수를 5개로 늘리라는 어머니의 말에 마음이 요란해졌다. 이때는 먼저 온전한 정신을 회복하는 공식 '멈살돌'로 본래 요란하지 않은 온전한 정신을 돌이킨 후 해당 경계와 관련된 사람들과 사물의 큼·작음·변화를 관찰해야 한다. 관련된 모든 사람들의 마음 상태, 즉 학생과 학생의 어머니와 친구 어머니의 마음 상태까지 전체를 관찰하는 것은 **큼의 관찰**이고, 학생 자신, 학생 어머니, 친구 어머니 각각의 특성을 살피는 것은 **작음의 관찰**이고, 학원을 3개에서 5개로 늘리면 어떤 일이 발생할지, 학원 수를 안 늘리겠다고 하면 어떤 일이 발생할는지를 관찰하는 것은 **변화의 관찰**이다.

세부공식 2 생각(think)

큰·작음·변화를 관찰한 후에는

해결 방안을 찾기 위해 생각을 궁굴려야 한다.

생각을 궁굴린다는 것은

'생각을 이리저리 돌려서 너그럽게 생각하는 것[23]'을 말한다.

현명한 생각이 나지 않으면

놓아두었다 다시 생각하는 것도 좋고,

생각해도 바른 판단이 내려지지 않으면

타인의 의견을 들어 보는 것도 좋다.

---

23 궁굴리다: 이리저리 돌려서 너그럽게 생각하다. [한글학회. (1994). **우리말 큰사전**. 서울: 어문각.]

마음을 잘 써야 공부를 잘한다

큼·작음·변화를 관찰한 후에는 해결 방안을 찾기 위해서 **생각을 궁굴려야 한다.** 궁굴린다는 '이리저리 돌려서 너그럽게 생각하다'는 뜻이다. 생각을 궁굴리는 방법은 생각을 계속 하는 것이 아니라 생각하다 현명한 생각이 나지 않으면 놓아두었다 다시 생각을 하는 것이다. 생각한 다음에 휴식을 취하면 밝은 생각이 떠오른다는 것은 잘 알려진 사실이다. 생각해도 바른 판단이 내려지지 않으면 타인의 의견을 들어 보는 것도 생각을 궁굴리는 좋은 방법이다.

앞의 예를 이어서 살펴보자.

만약 관찰한 대로만 본다면 학원 수를 늘리는 것이

좋을 듯해 보이지만 조금 더 깊이 생각해 볼 필요가 있다.

과연 현재 내가 성적이 떨어진 원인이

학원을 조금 다녔기 때문인가

공부를 열심히 하지 않았기 때문인가

공부하는 법을 몰랐기 때문인가

곰곰이 생각해 보아야 한다.

친구는 학원을 많이 다녀 성적이 올랐다지만

반의 다른 친구는 학원을 전혀 안 다녀도 성적이 더 좋다.

그렇다면 어떻게 이 문제를 해결하면 좋을까.

어머니에게 무조건 반항하는 것은 현명한 방법이 아니다.

학원을 하나도 안 다니는데도

그 친구의 성적이 더 좋은 이유는 무엇인지

생각해 보아야 한다.

이럴 때는 학원에 다니지 않으면서도

수학·영어를 잘하는 친구에게

어떻게 공부하기에 학원을 안 다니면서

수학·영어를 잘하는지 인터뷰해 볼 필요가 있다.

이와 같이 충분한 정보를 얻은 후에

스스로 공부하는 것과 학원 수 늘리는 것 중

어느 것이 결국 더 유익할지 곰곰이 생각해 보아야 한다.

마음을 잘 써야 공부를 잘한다

앞의 예를 다시 들어 보자. 먼저 중간고사에서 수학·영어 성적이 떨어진 원인을 생각해 보되 그 원인이 공부를 열심히 하지 않아서인가, 기초 실력이 부족해서인가, 공부하는 법을 몰라서인가, 반 친구 하나는 학원을 하나도 다니지 않는데도 수학·영어 성적이 더 좋은데 그 이유는 무엇인가 곰곰이 생각해 보아야 한다. 이럴 때는 그 수학·영어 잘하는 친구는 어떻게 공부하기에 학원에 다니지 않으면서 수학·영어를 잘하는지 인터뷰해 볼 필요가 있다. 이와 같이 얻어진 충분한 정보에 바탕하여 나 스스로 공부하는 것과 학원 수를 늘리는 것 중 어느 것이 더 유익할지 곰곰이 생각해 보아야 한다. 그렇다면 생각할 시간이 필요하기 때문에 어머니에게 생각해 본 후에 다시 이야기하자고 제안할 수 있다. 학원 수를 늘리는 것이 싫은 마음에 어머니에게 짜증 내며 안 다닌다고 말하면 어머니와의 사이에 갈등이 생기므로 일단 결정을 보류하고 곰곰이 대책 방안을 연구해서 그 연구한 결과를 어머니에게 논리적으로 말해야 한다. 생각을 해도 현명한 생각이 나지 않으면 놓아두었다가 다시 생각해 보고, 바른 판단이 나지 않으면 친구나 선생님 등 여러 사람의 의견을 들어 보는 것도 좋다.

세부공식 3 판단(adjudicate)

생각을 궁굴렸으면
어느 길이 옳은 길인지
어느 길이 그른 길인지 판단을 해야 한다.
해당 경계와 관련된 모든 사람들과 사물의
큼·작음·변화의 관찰에 바탕해서 판단을 해야
바른 판단에 이를 수 있다.
하지만 관련된 사람들과 사물의
큼·작음·변화를 관찰하였다 하더라도
생각을 궁굴리는 과정이 없으면 바른 판단에 도달할 수 없다.
그러므로 관찰·생각은 바른 판단에 이르는 필수 과정이다.

앞의 예를 다시 살펴보자.
여러 가지 생각을 궁굴려서 종합해 본 결과
학생이 수학과 영어 성적이 떨어진 것은
학원을 많이 다니지 않아서가 아니라
오히려 타율적 학습에 의존하며
스스로 공부하고 싶은 열정이 없이 공부한 결과임을 알아냈다.
이 상황에서 학원 수를 늘리는 것은
스스로 공부할 시간을 더욱 줄어들게 하기 때문에
오히려 상황을 더 악화시킬 수 있다.
문제 해결 방법을 곰곰이 생각해 본 결과
스스로 자기 주도적으로
전날 예습·학습 집중·그날 복습을 철저히 하여
마음으로 하는 공부를 실천해야겠다는 판단에 이르렀다.

마음을 잘 써야 공부를 잘한다

생각을 궁굴렸으면 **어느 길이 바른 길인지 어느 길이 바르지 않은 길인지 판단을 해야 한다.** 바른 판단을 하려면 관련된 사람들과 사물의 큼·작음·변화의 관찰에 바탕하여 생각을 궁굴려야 한다. 관련된 사람들과 사물의 큼·작음·변화를 관찰하였다 하더라도 생각을 궁굴리는 과정이 없다면 바른 판단에 도달할 수 없다. 그러므로 관찰·생각은 바른 판단에 이르는 필수 과정이다.

앞의 예를 다시 들어 보자. 고등학생이 중간고사에서 수학과 영어 성적이 떨어진 원인을 생각해 보니 공부를 효율적으로 하는 방법을 몰랐던 것도 있고, 가장 궁극적 문제는 모든 공부를 학원에 맡기고 자기 스스로 공부하고 싶은 열정이 없이 공부를 했던 것임을 알게 되었다. 이런 상태에서 학원의 수를 늘리면 학원에 대한 의존도는 더 높아지고 자기 주도적으로 공부할 수 있는 시간은 더욱 감소할 것이다. 곰곰이 생각해 본 결과 학생은 수학과 영어 성적이 떨어진 문제를 해결하기 위해서는 학원 수를 늘릴 것이 아니라 스스로 공부하려는 열정을 일으켜 **'마음으로 하는 공부'**를 실천해야겠다는 판단에 이르렀다.

판단을 실천으로 옮기는 공식: 결단(resolution)

인성관리 삼 단계 공식 3단계는

판단 결과에 따라 그른 것은 버리고
옳은 것은 취하는 결단을 내린다.

바른 판단을 얻었으면
그 판단을 실천으로 옮겨야 한다.
하지만 우리는 때때로
생각이 실천으로 옮겨지기까지의 거리가
너무 멀다고 느끼곤 한다.
그때 우리에게 필요한 것은 결단이다.
결단이란 판단을 실행으로 옮기는 결정적 생각이다.
스마트폰을 이제 그만 봐야 한다고 판단했어도
이를 실천으로 옮기려면 판단 다음에
한 가지 과정이 더 필요하다.
그른 것은 버리고 옳은 것은 취하는
결단을 내려서 실천하는 과정이다.
결단은 판단을 실천으로 옮기는 요결이다.

마음을 잘 써야 공부를 잘한다

　바른 판단을 얻었으면 그 판단을 실천으로 옮겨야 한다. 많은 사람들은 바른 판단을 해 놓고도 실천하지 못한다. 이러한 사람을 결단력이 없다고 한다. 결단이란 판단을 실천으로 옮기는 결정적 생각이다. 예를 들어 대입을 준비하는 고등학생이 '대학교에 들어가려면 쉬는 시간에 스마트폰 보는 것을 끊어야 한다'고 판단했다고 하자. 이를 실제로 실천하기 위해서는 판단 다음에 한 가지 사고 과정이 더 필요하다. **'판단 결과에 따라 그른 것은 버리고 옳은 것은 취하는 결단을 내려서 실천하는 과정'**이다. 결단은 판단을 실천으로 옮기는 요결이다. 따라서 실천력을 결단력이라고도 한다.

학생이 자신의 판단 결과를 어머니께

논리적으로 설득한다 하더라도

어머니는 쉽게 자녀의 말을 믿지 못할 것이다.

자녀가 정말로 자기 주도적으로

마음으로 하는 공부를 실천할지

믿음이 안 가기 때문이다.

문제의 해결을 위해서는

학생이 결단을 하여

마음으로 하는 공부를 실천함으로써

자신의 약속을 증명해야 한다.

그렇지 않으면 어머니는 결국

자녀를 다시 학원에 보내려고 할 것이다.

마음을 잘 써야 공부를 잘한다는 것은

인성관리와 자력학습의 상관관계를 보여준다.

인성관리를 통해서

멈춤·살핌·돌이킴을 잘하면 집중력이 증진되고,

관찰·생각·판단을 잘하면 사고력이 증진되고,

결단해서 실천을 잘하면 주의력이 증진되어

마음으로 하는 공부는 그 결실을 거두게 될 것이다.

앞의 예를 다시 들어 보자. 고등학생이 생각을 궁굴린 결과 수학과 영어 성적의 문제 해결을 위해서는 학원 수를 늘릴 것이 아니라 발분의 용기로 '**마음으로 하는 공부**'를 실천해야겠다는 판단에 이르렀다. 그러나 그것은 옳은 생각일 따름이다. 그 옳은 판단을 성공시키기 위해서는 판단을 행동으로 옮기는 **결단**을 내려서 실천해야 한다. 결단도 갑자기 되는 것이 아니고 작은 일부터 결단해서 실천하는 연습을 해야 큰 일도 결단해서 실천할 수 있는 힘이 생기는 것이다. 학생이 어머니에게 신뢰를 얻는 것은 공부를 스스로 열심히 해 보겠다고 부모님과 약속을 해서 되는 것이 아니라, 과거의 타력적 공부 습관을 놓고 자기 주도적으로 '마음으로 하는 공부'를 결단 있게 실천하는 모습을 보여 주어야 하는 것이다.

인성관리 공식의 삼 단계는 자력학습의 필수 요건과 상통한다. 인성관리 삼 단계에서 멈춤·살핌·돌이킴은 자력학습에서 집중력에 해당하고, 관찰·생각·판단은 사고력에 해당하고, 결단 있게 실천하는 것은 주의력에 해당한다. 그러므로 멈춤·살핌·돌이킴·관찰·생각·판단·결단으로 인성관리를 잘하면 자력학습역량인 집중력·사고력·주의력도 증진된다. 그렇게 되면 스스로 공부하려는 열정도 지속되고, 공부의 효율성도 증진되어 '마음으로 하는 공부'는 그 결실을 거두게 될 것이다. 부록6

원대한 꿈과 이상을 가진 나, 세상을 바꿀 수 있다

진로탐색

진로탐색이란 내가 앞으로 어떤 일을 하고 싶은지, 어떤 일을 하는 것이 보람되고 가치 있는 일인지, 어떤 직업을 가져야 그 일을 할 수 있는지 탐색해 보고, 그 중에서 자신에게 가장 적합한 진로를 찾는 과정을 말한다. 나아가 진로탐색은 그 일을 하기 위해 어떤 능력과 어떤 적성과 어떤 공부 실력이 필요한지 구체적이고 사실적으로 알아보는 과정이며, 마음에 원대한 꿈을 심고 그 꿈을 이루려면 어떤 준비가 필요하며, 어떠한 인성을 길러야 하는지를 알아보는 과정이다.

꿈을 잃은 아이들

지나가는 아이들을 붙들고
꿈이 무엇이냐고 묻는다면
요즘은 흔히 이런 대답들을 들을 것이다.
꿈이요? 없어요.
혹은,
OO대 가는 거요. 의사요. 유튜버요.

내가 어릴 때만 해도
꿈을 생각하면
비록 소박할지라도
그와 함께 따라오는
가슴 벅찬 설렘이 있었다.
하지만 요즈음
직업을 꿈이라고 말하는
아이들의 마음 뒤편에는
두려움과 불확실함이
자리 잡고 있다.

꿈이라는 단어는 우리가 보편적으로 듣는 단어이다. 잠을 자면서 꾸는 꿈이 아닌 미래를 상상하면서 그리는 꿈, 그것은 **마음속 바람과 이상**을 말한다. 요즈음 자라나는 아이들과 청소년들에게 꿈이 무엇이냐고 물어보면 대부분 없다고 대답하거나 특정한 직업을 말한다. 직업을 꿈이라고 말하는 아이들의 마음 뒤편에는 내 자신이 나의 진로에 얼마나 적합한가 하는 두려움과 내가 생각하는 진로가 확실한지 알고 싶다는 불확실함이 자리 잡고 있다.

언제부터 꿈이 무엇이라는 대답이
단답형이 되었을까.
물론 예전에도 꿈을 직업으로
대답을 하는 경우는 많았으나
그 직업을 통해
더 나은 세상을 이루고자 하는 바람이나 이상이
마음속 한 구석에 자리하고 있었다.

전공 역시 마찬가지이다.
과거에는 내가 무엇을 하고 싶은가에 따라
전공을 선택하고 진로를 결정했지만
지금의 아이들은
성적에 맞춰서 대학을 선택한 후
전공을 선택한다.
성적이 꿈의 자리를 대체했다.
이러한 아이들을 우리는
꿈을 잃은 아이들이라고 한다.

아이들이 자라서 어른이 된다.
꿈을 잃은 아이들이 펼치는 세상
과연 어떤 미래가 전개될까?
꿈을 잃은 아이들에게
꿈을 되찾게 해줄 방법은 없을까?

꿈이란 과연 직업만을 말하는 것일까? 내가 청소년기를 지낼 때에는 청소년들의 마음속에 과학자가 되고 싶다든지 외교관이 되고 싶다든지 하는 등의 직업에 대한 꿈도 있었으나 그 직업을 통해 이 세상을 더 나은 세상으로 만들고 싶다는 원대한 꿈이 있었다. '너무나 가난하고 약한 우리나라를 부강하게 할 수는 없을까? 서로 다투고 반목하는 이 세상을 평화롭게 할 수는 없을까? 그러한 세상을 만드는 데에 나도 한 역할을 할 수는 없을까?' 하는 소박한 꿈이 청소년들의 마음속 한 구석에 자리 잡고 있었다. **나도 더 나은 세상을 만드는 그 일을 하고 싶다**'는 원대한 꿈과 이상을 가진 청소년들이 오늘날의 우리나라를 만든 것이다. 8.15 해방과 6.25 이후 극심한 무질서와 가난 속에서도 우리나라가 산업화와 민주화를 성공시켜 세계의 선진국으로 성장한 것은 우연한 일이 아니다. 그 시절 청소년들의 마음속에 자리했던 소박한 꿈들이 자라고 자라나서 결실을 맺은 것이다.

예전에는 청소년들에게 꿈이 있었고, 그 꿈을 위해 공부를 하고 전공을 선택하며 직업을 선택하는 경우가 많았다. 하지만 지금의 청소년들은 성적을 보고 그 성적에 맞춰 대학을 고르고 전공을 선택한 후 직업을 선택한다. 이러한 청소년들을 '**꿈을 잃은 아이들**'이라 한다. 치열한 경쟁 속에서 꿈을 잃은 아이들의 시대. 이 시대를 사는 아이들이 만들어 가는 미래는 어떤 모습일까? 그것은 비단 아이들의 미래일 뿐 아니라 우리 모두의 미래이다. 그렇다면 이러한 청소년들에게 꿈을 심어 주고 그 꿈을 길러서 자신을 개조해 나가게 할 수는 없을까? 방법은 분명 있을 것이다. 그 방법을 찾기 위해 먼저 꿈의 특성을 알아보자.

꿈의 특성

꿈이 없는 아이들에게
꿈을 심어 주는 일은 쉬운 일은 아닐 것이다.
수많은 성공한 사람들의 이야기,
꿈에 대한 조언들이 쏟아지고 있다.
하지만 당장 눈앞의 시험과 경쟁으로
허덕이는 아이들에게
성공한 사람들이 말하는 꿈은
먼 나라 이야기일 뿐이다.

꿈은 바이러스 같다.
꿈을 잃은 공허한 마음은
아이들 마음에서 마음으로 바이러스처럼 옮아간다.
이 공허한 마음의 바이러스는 절망의 바이러스이다.

그러나 역으로
나도 큰 꿈을 심으면 크게 이룰 수 있다는 희망이
아이들 마음에서 마음으로
바이러스처럼 옮겨 가게 한다면
다가오는 절망의 물결을 막을 수 있다.
지금 눈앞의 현실보다 더 큰 세계가 있다는 것을,
꿈 너머의 꿈, 원대한 꿈
그것을 이룰 방법을 손에 쥐어 주는 것.

가장 어려운 일은 꿈이 없는 학생들에게 꿈을 심어 주는 것이다. 성공한 사람들은 자신의 이야기를 아이들에게 들려주며 꿈을 가지라고 하는데, 당장 눈앞에 놓여 있는 시험과 경쟁을 이겨 내는 데 급급한 아이들에게 꿈을 가지라는 말은 먼 나라 소식처럼 아득하게 느껴진다. 그것은 두 가지 이유 때문이다. 하나는 아이들에게 '성공한 사람들이 말하는 꿈은 나는 도저히 도달할 수 없는 꿈'이라는 절망하는 마음이 있기 때문이고, 둘은 시험과 경쟁이라는 현실 문제가 아이들로 하여금 꿈 너머의 꿈, 원대한 꿈을 향하는 마음의 여유를 가질 수 없게 하기 때문이다.

　코로나 바이러스가 전 세계로 퍼져서 인류가 절망할 뻔했으나 이를 극복하려는 노력으로 백신 개발에 성공하였다. 꿈을 잃은 공허한 마음 역시 아이들 마음에서 마음으로 바이러스처럼 옮아가고 있다. 이 바이러스는 절망하는 마음의 바이러스이다. 이 절망의 바이러스를 차단하고 '나도 큰 꿈을 심으면 크게 이룰 수 있다'는 희망으로 바꾸어야 한다. 그러려면 아이들 마음에 꿈 너머의 꿈, 원대한 꿈을 심고, 그 꿈의 종자들이 아이들 마음에서 마음으로 들불처럼 번져 나가게 해야 한다. 그러기 위해서는 지금 눈앞의 현실보다 더 큰 꿈의 세계가 있다는 것을 알려 주고, 꿈 너머의 꿈, 원대한 꿈을 이루는 방법을 알려주어 꿈을 향해 도전하게 하고, 절망의 마음을 희망의 마음으로 전환시켜야 한다.

꿈 너머의 꿈

꿈을 직업으로 대답하는 것은
불안한 현실에서
안정을 얻고자 하는 마음의 나타남이다.
특히 직업 중에서도
의사, 변호사, 공무원 등
가장 안정적인 직업을 바라는 경우가 많다.
어릴 때는 비교적 거창한 직업을 말하지만
중고등학생이 되고 입시가 다가올수록
가장 보편적이고 안정적인 직업을 찾게 된다.

그러나 모두가 다
의사나 변호사, 공무원이 될 수는 없다.
안정적 직업일수록 경쟁이 치열하기 때문이다.
그렇다고 직업을 꿈이라 생각해 온 아이들의
그 꿈을 부정할 수는 없다.
아이들의 꿈을 확장시키는
가장 간단한 방법은
자신이 꿈꾸어 온 그 직업을
동사형으로 바꾸어 보는 것이다.

동사형 꿈을 찾는 방법은 다음과 같다.

(1) 나는 이 세상을 어떤 세상으로 만들고 싶은지 적어 본다.

(2) 나는 어떤 사람이 되고 싶은지 적어 본다.

(3) 내가 갖고 싶은 직업(명사)을 동사로 바꾸어 본다.

예를 들어 의사가 되는 것이 꿈이었다면 의사라는 직업을 통해 어떤 일을 하는 사람이 되고 싶은지, 어떤 세상을 만들고 싶은지를 생각해 보면서 '사람의 병을 치료한다', '생명을 살린다', '질병이 없는 세상을 만들고 싶다'와 같은 동사형 꿈을 찾을 수 있다. 그리고 이 동사형 꿈이 자신이 만들고 싶어 하는 세상을 만드는 데 어떤 역할을 할 것인지, 또 그 동사형 꿈이 자신이 이루고자 하는 꿈인지, 자신이 하고 싶은 일인지를 생각해 보는 것이다. 만약 그 동사형 꿈이 자신이 이루고자 하는 꿈이고 자신이 하고 싶은 일이라면 그 동사형 꿈은 자신의 꿈으로 자리 잡게 될 것이다. 부록8

동사형 꿈을 가지고
그 동사형 꿈을 이룰 수 있는 직업을 찾아보면
선택할 수 있는 직업의 폭이 넓어진다.
그리고 또한 새로운 직업을
창출할 수도 있다.

예를 들면
꿈이 작가인 아이가 있었다.
그 아이는 자라면서
글을 쓰는 작가라는 명사형 꿈을
'다른 사람의 인생을 새로 쓰다'는
동사형 꿈으로 확장한다.
그 후 그 아이는 교육자가 되었다.

살린다, 기른다,
키운다, 자란다…

마음을 잘 써야 공부를 잘한다

명사형 꿈을 가지면 직업이 하나로 고정되지만 동사형 꿈을 가지면 직업 선택의 폭이 넓어진다. 예를 들어 의사라는 명사형 꿈을 넘어서 '생명을 살린다'는 동사형 꿈을 가지게 되면 직업의 범주가 확장된다. 몸을 살리는 것도 있지만 마음을 살리는 것도 생명을 살리는 것이기 때문이다. 그러므로 선택할 수 있는 직업에는 몸을 살리는 직업인 의사, 약사, 간호사도 있고, 동물을 살리는 수의사도 있고, 위험에서 사람을 구출하는 119 구조대원이나 소방대원도 있고, 생태 환경을 살리는 환경 관련 직업도 있고, 괴롭고 아픈 마음을 치유하는 심리상담사, 성직자도 포함된다. 이 모든 직업들은 생명을 살린다는 공통점이 있기 때문에 의사로서 가질 수 있는 보람을 똑같이 갖게 될 것이다.

꿈을 향한 도전

성적에 따라
전공을 선택하고 직업을 가지게 되는
아이들의 미래는 과연 어떨까.
아이들은 전공과 직업을 선택하는 주권을
성적에게 빼앗겨 버렸다.
빼앗긴 이 주권을 다시 찾는 길은 없을까?
내가 이루고자 하는 꿈
내가 하고 싶은 일을 찾아
그 꿈을 이루는 길은 없을까?

꿈을 꾸는 사람이 있고
꿈을 이루는 사람이 있다.
꿈을 이루려면 눈을 감지 말고
내가 있는 현실을 직시하고
그 현실 위에서 하나씩
나 자신과 주변 환경을 바꿔 나가야 한다.
그렇다면 꿈을 이루기 위해
어떻게 나 자신과 주변 환경을
바꿔 나갈 수 있을까?

마음을 잘 써야 공부를 잘한다

우리나라 청소년 교육에서 시급히 개선되어야 할 문제가 있다면 청소년들이 꿈이 없이 지내다가 대학 입시를 앞두고 성적따라 학과를 선택하고 직업을 선택하는 풍토이다. 이 문제를 해결하려면 어릴 때부터 동사형 꿈과 원대한 꿈을 형성한 후, 그 꿈을 이루기 위해 자신을 개조하고, 꿈을 향한 환경을 자기 주도적으로 만들어 가야 한다. 이를 위해서는 사고력·집중력·주의력으로 자력학습역량을 증진시키고, 온전·생각·실행으로 인성관리역량을 증진시키며, 자기 주도적으로 꿈을 이룩하는 환경을 조성하는 진로선택역량을 함께 증진시켜야 한다.

방해 요인의 제거

첫째로 해야 할 작업은

내 꿈을 이루지 못하게 하는

방해 요인을 발견해서 제거하는 것이다.

방해 요인에는 내적 요인과 외적 요인이 있다.

습관이나 성격, 공부 방법 등

자신으로부터 발생하는 것들은 내적 요인이다.

친구, 가족 관계, 가정 형편 등

주위의 환경적인 것들은 외적 요인이다.

이들을 낱낱이 따져 보고

꿈을 이루지 못하게 하는

방해 요인들을 발견해서 제거해야 한다.

마음을 잘 써야 공부를 잘한다

동사형 꿈과 원대한 꿈을 이루려면 먼저 꿈을 이루지 못하게 하는 방해 요인을 발견하여 제거해야 한다. 방해 요인에는 내적 요인과 외적 요인이 있다. 그 중 내적인 요인에서 공통적인 것들을 찾아보면 (1) 자신이 하자고 정해 놓은 것을 실행하지 않는 습관, (2) 공부할 때 집중하지 못하는 습관, (3) 배운 것을 스스로 익히려 하지 않고 학원이나 타력에 의존하려는 습관, (4) 일을 순서 없이 하는 습관 등 자력학습 상의 결함과 인성관리 상의 결함을 들 수 있다. 자력학습능력인 사고력·집중력·주의력과 인성관리능력인 온전·생각·실행을 총동원하면 꿈을 이루지 못하게 하는 방해 요인들을 제거할 수 있다.

혹은 나를 둘러싼 외적인 요인들을 발견할 수 있다. 예를 들어 디지털 기기가 꿈을 이루는 방해 요인이 된다고 하자. 이 방해 요인을 제거하는 방법에는 수동적 방법과 능동적 방법 2가지 종류가 있다. 수동적 방법은 디지털 기기를 부모님에게 맡겨서 필요할 때만 사용하거나 불필요한 어플을 지워 버리는 방법 등을 말하고, 능동적 방법은 앞에서 소개한 인성관리 공식을 활용하여 디지털 기기에 지배되지 않고 디지털 기기를 지배하도록 마음챙김못챙김 대조를 하여 극복하는 것이다. 이때에는 멘토의 지도가 반드시 필요하다. 친구들

이 꿈을 이루는 방해 요인이 된다면 그러한 친구를 멀리하거나, 꿈을 이루는 데 도움이 되는 친구로 전환하기 위한 노력을 해야 할 것이고, 학원을 너무 많이 보내는 어머니의 과잉 열정이 방해 요인이라면 스스로의 열정으로 공부하는 모습을 보여서 어머니의 신뢰를 얻어야 할 것이다.

필요 조건의 증진

반대로 꿈을 이루기 위해서는
꿈을 이루는 데 필요한 조건들은
발견해서 증진시켜야 한다.
이 역시 내적 조건과 외적 조건이 있는데
방해 요인에는 개별적인 차이가 있지만
내적인 필요 조건에는 공통적인 것들이 있다.

그것은 학습역량과 인성역량이다.
학습역량은 자력학습능력인
사고력·집중력·주의력의 향상으로
증진될 수 있고
인성역량은 인성관리능력인
온전·생각·실행 능력의 향상으로
증진될 수 있다.

마음을 잘 써야 공부를 잘한다

학습역량과 인성역량은 꿈을 이루는 데 반드시 갖추어야 할 필요한 조건이다. 원대한 꿈과 이상을 가지고 그 꿈과 이상을 이루기 위해 어떠한 역량이 필요한가 깊이 생각해 보면 누구나 다 학습역량과 인성역량이 필요하다는 결론에 이를 것이다. 이러한 역량들은 짧은 시간에 갖추어지는 것이 아니다. '원대한 꿈과 이상을 이루기 위해 미래를 준비하자'는 마음으로 나아가면 그 여유 있는 마음에서 학습역량과 인성역량의 증진이 가능한 현실로 다가오는 것이다. 예를 들어 아무리 영어 공부를 열심히 하자고 마음을 다져 보아도 그 마음은 오래가기 어렵다. 하지만 '앞으로 외교관이 되어서 국익에 기여하자'는 원대한 꿈을 가지고 그 꿈을 이루기 위해서 외국어 실력을 키우자 하면 미래를 준비하는 그 여유 있는 마음에서 영어 공부를 끊임없이 이어 가는 열정이 생긴다.

꿈의 인테리어 조성

코로나19의 여파로
사람들이 집에 있는 시간이 늘어나면서
인테리어에 대한 관심이 급증했다.
내 주위를 자세히 들여다보게 되었고
그 환경을 변화시킴으로써
기분을 전환하고
새로운 삶을 맛보려는 것이다.

우리의 꿈 역시 마찬가지이다.
꿈을 이루는 데
방해되는 요인을 제거하고
필요한 조건들은 갖추며
꿈을 이루는 데 불리한 환경을
유리한 환경으로 바꾸는 것을
꿈의 인테리어 조성이라 한다.

온전·생각·실행의 힘과
창의적 사고력을 총동원해서
꿈의 인테리어를 조성하는 것이다.
그 노력으로 변화된 환경이
꿈을 향한 길을 더욱 밝게 비춰 줄 것이다.

꿈을 이루는 데 방해 요인을 제거하고 필요 조건을 증진하는 것 이외에도 꿈을 이루는 데 필요한 모든 환경을 자기 주도적으로 만들어 가는 것을 꿈의 인테리어 조성이라 한다. 예를 들어 공부하려는 의지도 강하고 학습 능력도 있는데 집안이 어려워 시간을 내서 부모님을 도와야 하고 대학에 입학해도 학자금을 조달할 방법이 없다고 하자. 어떠한 방법으로 이 꿈을 이루는 데 불리한 환경을 유리한 환경으로 바꿀 것인가? 도전 정신과 창의적 사고력, 자력학습역량과 인성관리역량을 총동원해서 꿈의 인테리어를 조성하는 것이다.

필자가 어린 시절 농촌에서 자랄 때 옆집에 삼 형제가 있었다. 집안이 어려워서 중고등학교도 다닐 형편이 아니었다. 그런데 맏형이 낮에는 일하고 밤에는 공부하며 동생들도 다 그렇게 공부를 시켰다. 맏형은 농과 대학에 입학하여 박사 학위를 받고 농촌 진흥청에서 일하며 동생들도 성공시켰다. 몇 십 년 지나서 그중 막냇동생을 만났는데 자기 딸이 법과 대학을 나와 사법 시험에 합격하여 법관이 되었다는 말을 해 주었다. 가난한 시골 형편에도 불구하고 근면 성실로 어려운 환경을 극복하더니 자녀도 그 부모를 본받았구나 하는 감상이 깊이 들었다. 부모가 근면 성실로써 어려운 환경을 극복한 역사가 자녀가 꿈을 이루는 인테리어가 된 것이다. 맹자의 어머니가 맹자의 교육을 위해서 세 번 이사하여 맹자를 성현으로 만드신 것[24]은 꿈의 인테리어 조성의 대표적인 예이다.

늘 놀다가 고등학교 3학년이 되어서 꿈을 향해 공부해 보려는 자각이 든 아이가 있었다. 공부를 해 보려 해도 놀자고 계속 불러내는 친구들 때문에 공부를 할 수 없었다. 어떻게 문제를 해결할까 고민하다가 기숙 학교로 전학을 하여 대학 입시에 성공한 예는 꿈의 외적 조건을 변화시켜 인테리어를 조성한 또 다른 예이다.[25]

---

24 맹모삼천지교(孟母三遷之敎)
25 이 예시는 원학습인성교육 멘토의 실제 이야기이다.

꿈을 향한 인식 체계 대전환

직업의 선택

직업에는 여러 종류가 있다.

대표적으로

자기 삶을 유지시켜 주는 직업,

세상에 유익을 주는 직업,

세상에 해로움을 주는 직업이 있다.

자기 삶을 유지시켜 주며

이 세상에 가장 큰 유익을 주는 동시에

자기 적성에 맞는 직업을 선택한다면

가장 좋은 직업 선택이 될 것이다.

어디로
가야 하나…

직업의 종류는 천종 만종이다. 그러나 크게 구분해 보면 (1) 자기의 삶을 유지시켜 주는 직업, (2) 이 세상에 유익을 주는 직업, (3) 이 세상에 해를 주는 직업이 있다. 그렇다면 어떤 직업이 가장 좋은 직업인가? 자기 삶을 유지시켜 주며 이 세상에 가장 큰 유익을 주는 직업이 가장 좋은 직업일 것이다. 자기가 가장 보람 있다고 생각하는 동사형 꿈에 속하는 직업 중에 자기 삶을 유지시켜 주며 이 세상에 가장 큰 유익을 주는 직업을 선택한다면 가장 좋은 직업 선택이 될 것이다. 사람의 적성은 천만 가지이다. 그림 그리기를 좋아하는 적성, 탐구하기를 좋아하는 적성, 운동을 좋아하는 적성, 수학을 좋아하는 적성, 책 읽기를 좋아하는 적성 등 자기 적성에 맞으면서도 세상에 가장 많은 유익을 주는 직업이 무엇인가 찾아보는 것이다. 그러한 직업을 찾았어도 학습역량이 받쳐 주지 않으면 그 직업을 가질 수는 없다. 그러나 이렇게 찾아낸 직업을 가지려는 마음은 스스로 공부하려는 열정에 점화를 시킬 것이다.

직장의 선택

단단한 땅에 발을 딛고 서듯
직장이 안정되어야 우리의 꿈도
마음껏 펼쳐 볼 수 있다.
성적이 대학까지를 좌우할 수는 있어도
직장은 이야기가 다르다.
예전에는 기업에서 사원을 뽑을 때
전문성과 창의성을 가장 중요시했지만
요즘은 주인 정신과 도전 정신을
더 중요시한다. [26]

회사를 내 일로 알아서 책임지려는 정신이
주인 정신이고
어떤 장애가 앞에 놓여 있더라도
이를 극복하고 해결해 나가려는 정신이
도전 정신이다.
회사는 주인 정신과 도전 정신을 가진 사람을
뽑으려 한다.
그 사람이 회사에 유익을 줄 사람이기 때문이다.

---

[26] 대기업이 선호하는 인재상: 1. 도전, 2. 혁신, 3. 존중, 4. 협력/소통 5. 창의 [잡코리아. (2021). 대기업이 원하는 인재상 2위 '혁신적인'…1위는?. **잡코리아 취업뉴스**. https://www.jobkorea.co.kr/goodjob/tip/view?News_No=19332&schCtgr=120001]

꿈은 직업 활동을 통해서 혹은 직장의 안정된 기반 위에서 이루어진다. 같은 직업 가운데도 여러 가지 직장이 있는데 어떻게 하면 자신이 원하는 좋은 직장에 들어갈 수 있을까? 물론 대학 성적이 좋아야 하지만 요즘은 신입 사원을 뽑을 때 대학 성적만으로 뽑는 것이 아니다. 요즘 대기업은 대상자의 전문성이나 창의성보다 '주인 정신'과 '도전 정신'을 더 중요시한다.

직장을 선택할 때에
직장이 나에게 얼마나 도움이 될까만 생각하며
직장을 찾으려 한다면
실패를 많이 할 것이다.
왜냐하면 회사는
이 사람을 채용하면
회사에 얼마나 도움이 될까 하는
기준으로 사원을 뽑기 때문이다.

따라서 우리가 원하는 직장에 들어가려면
먼저 직장을 바라보는 생각을
전환할 필요가 있다.
내가 그 직장에 들어가서
얼마나 좋은 삶을 누릴 수 있는가를
생각하기보다는
직장이 나에게 무엇을 요구하는지를 알아서
그 요구하는 바를
준비하고 갖추어 나가
직장에 유익을 주는 사람이 되는 것.
그것이 원하는 직장에 들어갈 수 있는
가능성을 크게 여는 길이다.

　주인 정신과 도전 정신을 더 중요시하는 기업들의 추세에 부응하여 대학에서는 각 전공 교육 분야에서 도전 정신에 대한 교육을 실시하고 있다. 문제는 주인 정신이다. 주인 정신은 전문적 지식을 가르치는 대학 교육만으로는 양성하기 어렵다. 그러나 주인 정신을 기르는 묘법이 있다. 그것은 직장을 바라보는 관점을 전환시키는 것이다.

　대학에 다닐 때부터 그 직장이 나에게 무엇을 원하는가, 무엇을 요구하는가를 생각해서 그 요구하는 바를 갖추도록 준비해 가면 원하는 직장에 들어갈 가능성이 커진다. '직장이 나에게 얼마나 도움이 될까'에서 '그 직장이 무엇을 요구하는가, 그것을 갖추고 준비하자'로 직장을 보는 관점을 바꾸면 주인 정신이 형성되고 필요한 실력도 갖추게 되어 원하는 직장에 입사할 수 있는 가능성이 커지는 것이다.

세상을 위하면 크게 이룬다

어떻게 하면
원대한 꿈을 이루는 직업을 가질 수 있을까?
세상에 불변하는
우주 자연의 원리가 있듯이
직업 선택에도 원리가 있다.
우리도 이 원리를 따라가면
결국은 꿈을 실현하는 직업을 가질 수 있다.

그 원리는 나만을 위한즉
그 원하는 것을 이루지 못하고
세상을 위한즉
도리어 자기를 이룬다는 것이다.

따라서 이 직업에서
얼마나 월급을 많이 주는가를 떠나
얼마나 세상에 유익을 주는 일을 하는가를 살펴서
직업을 선택해야
궁극적으로 더 크게 성공할 수 있다.

마음을 잘 써야 공부를 잘한다

원대한 꿈

Good to Great의 인식 체계 대전환

결승선 없는 달리기를 하는 기분은 어떨까?
시작부터 아득하고 지치는 느낌을 받을 것이다.
목표가 있고 없고의 차이도 이와 같다.
그러나 눈앞에 결승선이 있어도
단지 저 테이프를 끊기 위해 달려가는 것이라면
테이프 뒤에 펼쳐지는 광활한 대지를 걸어갈 힘이 없을 것이다.

꿈은 마치 장거리 마라톤을 뛰는 것처럼,
마지막 머물 곳을 향해서
그칠 줄 모르는 의지와 열정과 끈기로 나아가는
자신과의 싸움이자 여정이다.
그 머물 곳이 멀고 클수록
인류 문명 역사의 새로운 장을 여는
위대한 삶을 이룰 것이다.
대부분의 학생들은 좋은 대학, 좋은 직장, 경제적 안정,
행복한 삶을 목표로 공부하고 있다.
이러한 삶은 누구나 원하는 좋은(Good) 삶은 될지언정
인류 문명 역사의 새로운 장을 여는
위대한(Great) 삶이 될 수는 없다.

마음을 잘 써야 공부를 잘한다

　지금 나는 무엇을 위해서 공부하고 있는가? 때때로 자신에게 물어볼 필요가 있다. 대부분의 학생들은 좋은 대학에 들어가서 공부도 잘하고, 졸업한 후 좋은 직장에 들어가서 경제적 안정을 얻고, 결혼도 잘하여 행복한 삶을 살아가는 것을 목표로 공부하고 있다. 이러한 삶은 누구나 원하는 좋은(Good) 삶은 될지 언정 인류 문명 역사의 새로운 장을 여는 위대한(Great) 삶이 될 수는 없다.

그렇다면 어떠한 삶을 살아야
인류 문명 역사의
새로운 장을 열 수 있을까?

자신만을 위한 삶을 넘어서
사회·국가·세계 전체를 위하는
Good to Great의 인식 체계 대전환을 이룬 삶을 살아야
인류 문명 역사의 새로운 장을
열어 갈 수 있을 것이다.

자신과 사회와 국가·세계 전체를
내 일로 알아서
더 나은 세상으로 만들어 보려는 꿈,
그것을 원대한 꿈이라 한다.
지금까지 인류 문명 역사의
새로운 장을 열어 왔던 사람들은
원대한 꿈을 지닌 사람들이었다.

마음을 잘 써야 공부를 잘한다

'마음으로 하는 공부'의 근원적 힘, 원대한 꿈

우리는 무언가 결심을 할 때
마음을 정(定)했다고 표현한다.
편안히 정착할 집을 짓는 것도
마땅히 머물 곳을 찾은 후에 가능하듯
마음이 나아갈 방향을 정(定)하는 것도
마땅히 머물 곳을 안 다음에 가능하다.

학생들이 꿈을
특정한 직업으로 말하는 것은
학생들 마음속의
안정을 추구하는 마음이 나타난 것이며,
이 세상을 더 나은 세상으로 만들어 보려는
원대한 꿈이 자리하고 있지 않다는 것을,
우리의 삶이 궁극적으로 지향하는
마땅히 머물 곳을 모른다는 것을
의미할 수 있다.
우리 인생이 궁극적으로 지향하는
마땅히 머물 곳은 어느 곳인가?

유교 사서(四書)의 하나인 『대학(大學)』에 "그칠 데를 안 뒤에 정(定)함이 있으니, 정(定)한 뒤에 능히 고요하고, 고요한 뒤에 능히 편안하고, 편안한 뒤에 능히 생각하고, 생각한 뒤에 능히 얻는다"는 말씀이 있다. 그칠 데라는 것은 마땅히 머물 곳을 말한다. 머물 곳을 알면 마음에 정(定)한 방향이 있게 되고, 정한 방향이 있은 후에 경계에 망동(妄動)하지 않게 되고, 경계에 망동하지 않게 된 후에 처하는 곳마다 편안함에 이르게 되고, 처하는 곳마다 편안함에 이른 후에 일 처리가 정밀하고 상세해지고, 일 처리가 정밀하고 상세해진 후에 얻고자 하는 바를 얻는다는 말씀이다. 무엇을 얻는다는 것일까? 궁극적으로 목적한 것을 이룬다는 것이다.

학생들에게 꿈이 무엇이냐고 물어보면 대부분 특정한 직업으로 대답한다. 직업은 우리의 삶을 살아가는 데 없어서는 안 될 필수 요건이지만 우리의 삶이 궁극적으로 지향하여 머물 곳이라 할 수는 없다. 학생들의 꿈이 특정한 직업으로 한정되고 있다는 것은 학생들의 마음속에 이 세상을 더 나은 세상으로 만들어 보려는 원대한 꿈이 자리하고 있지 않다는 것을, 궁극적으로 머물 곳을 모르고 있다는 것을 의미할 수 있다. 학생들이 궁극적으로 머물 곳을 모르기 때문에 마음이 향하는 정(定)한 방향이 없고, 마음이 향하는 정한 방향이 없기 때문에 마음이 경계에 동하여 고요하지 못하고, 마음이 고요하지 못하기 때문에 편안할 수 없고, 마음이 편안하지 못하기 때문에 생각과 일 처리를 상세하고 정밀하게 할 수 없게 되고, 생각과 일 처리를 상세하고 정밀하게 하지 못하기 때문에 목적한 바를 이룰 수 없다는 것이다. 우리 인생이 궁극적으로 지향하는, 마땅히 머물 곳은 어느 곳인가?

마음으로 하는 공부는
스스로의 열정으로 하는 공부이다.
그 열정이 끊임없이 지속되어야
마음으로 하는 공부가 결실을 거둘 수 있다.
그렇다면 무엇이 끊임없이 열정이 지속되도록
에너지를 공급하는 것일까.

원대한 꿈을 품은 마음은
스스로 공부하려는 열정이 끊임없이 지속되도록
에너지를 공급한다.
그러므로 원대한 꿈이
마음으로 하는 공부의 근원적 힘이다.
그 이유는
원대한 꿈이 우리 인생이 궁극적으로 지향하는
마땅히 머물 곳,
곧 결승선이기 때문이다.
그 마땅히 머물 곳,
원대한 꿈을 향해 나아가는 한
스스로 공부하려는 열정은 지속된다.

마음을 잘 써야 공부를 잘한다

'마음으로 하는 공부'는 스스로의 열정으로 하는 공부이다. 학생들이 일시적인 열정으로 공부할 수는 있어도 그 열정이 끊임없이 지속되기는 어렵다. 그러나 '마음으로 하는 공부'는 스스로 공부하는 열정이 끊임없이 지속될 때 그 결실을 거둘 수 있다. 열정이 지속되려면 어느 곳에서인가 에너지가 계속적으로 공급되어야 한다. 지구 자연과 생태계가 변함없이 순환하는 것은 태양으로부터 끊임없이 에너지가 공급되기 때문이다. 그러므로 태양은 지구 생태계를 변함없이 순환시키는 무한 에너지 공급원이다. 이와 마찬가지로 스스로의 열정으로 하는 공부가 끊임없이 지속되려면 변함없이 에너지를 공급하는 에너지원이 있어야 한다. 물론 그 에너지원은 마음일 것이다. 그렇다고 마음이 아무 조건 없이 스스로 공부하는 열정에 에너지를 공급하는 것은 아니다. '원대한 꿈'을 품은 마음은 스스로 공부하려는 열정을 지속시키는 무한 에너지 공급원이 된다. 그러므로 스스로 공부하려는 열정이 식어 가고 있다면 먼저 '원대한 꿈'이 식어 가고 있는지를 살펴보아 그 꿈을 거듭나게 함으로써 스스로 공부하려는 열정이 지속되게 해야 할 것이다.

미래 세상의 주인은 누구인가?

불과 백 년 전만 해도
보통 사람들은 이 세상의 주인이 될 수 없었다.
세상의 주인은 신분에 따라
혹은 재력에 따라 이미 결정되어 있었다.
불합리한 차별이 사라지는 세상
미래 세상의 주인은 과연 누가 될 수 있을 것인가?

미래 세상의 주인은 정해져 있지 않다.

누구나 미래 세상의 주인이
될 수도 있고, 되지 못할 수도 있다.
미래 세상의 주인은

원대한 꿈과 이상을 가지고
미래를 준비하는 사람이다.

주인이란 어떠한 사람을 말하는 것일까?

책임지는 사람을 말한다.

가정을 책임지는 사람은 가정의 주인이고,

단체를 책임지는 사람은 단체의 주인이고,

국가를 책임지는 사람은 국가의 주인이고,

세계를 책임지는 사람은 세계의 주인이다.

책임지는 사람이

어느 단체의 장이나 경영진이어야 하는 것은 아니다.

아무리 말단직에 있더라도

그 단체를 내 일로 알고 일하는 사람은

그 단체를 책임지는 사람이자,

그 단체의 주인이다.

국가와 세계에 대해서도 마찬가지다.

국가가 내 일이며, 세계가 내 일인 사람은

국가의 주인이며, 세계의 주인이다.

너른 대지

원대한 꿈을 가진

미래 세상의 주인으로 자라나기 위해

갖추어야 할 필수적인 조건은 무엇일까?

마음을 잘 써야 공부를 잘한다

청소년들이 원대한 꿈과 이상을 가지고 미래 세상의 주인으로 자라나려면 청소년 시절부터 가정·사회·국가·세계를 책임지려는 책임 의식과 전체 일을 내 일로 아는 주인 정신을 길러야 한다. 책임 의식과 주인 정신은 이 세상의 주인이 되기 위해 갖추어야 할 필수 조건이다. 그러나 이 필수 조건만 갖추었다고 미래 세상의 주인이 되는 것은 아니다. 청소년들이 원대한 꿈과 이상을 가지고 미래 세상의 주인으로 자라나려면 청소년 시절부터 미래 세상 주인이 갖추어야 할 인성을 가꾸어야 한다.

원대한 꿈과 이상을 가진 나, 세상을 바꿀 수 있다

미래 세상의 주인이 갖추어야 할 세 가지 인성

속이지 않는 참된 마음: 진실

과거 세상은 어두운 세상이었다.

숨기고 속여도 드러나지 않았다.

하지만 전국 곳곳에 CCTV가 설치된 지금

인터넷, 빅 데이터를 통해 모든 정보를

한눈에 알 수 있는 지금

거짓이 숨을 수 없는 세상이 되었다.

미래 세상은

숨은 것과 나타난 것이 둘이 아닌

밝은 세상이 될 것이다.

그러므로 미래 세상에서는

거짓 없고 진실한 인성을 갖춘 사람이

주인이 될 수밖에 없다.

　과거 세상은 어두운 세상이었다. 숨기고 속여도 드러나지 않는 세상이었다. 그러나 미래 세상은 밝은 세상이다. 숨은 것과 나타난 것이 둘이 아니어서 거짓이 숨을 수 없는 세상이다. 그러므로 미래 세상의 주인이 되려면 자신을 속이지 않고, 사람을 속이지 않고, 하늘을 속이지 않는 참된 마음, 즉 '진실(眞實)한 인성(人性)'을 갖추어야 한다.

　말과 행하는 것이 다른 것은 진실이 아니다. 홀로 있을 때와 보일 때가 다른 것도 진실이 아니다. 양심과 행하는 것이 다른 것도 진실이 아니다. 아는 것과 행하는 것이 다른 것도 진실이 아니다.

과거 어두운 세상에서도
이 세상을 크게 이롭게 한 사람들의 행적을 살펴보면
내 마음을 속이지 않고
사람을 속이지 않고
하늘을 속이지 않는
진실한 인성을 갖춘 사람이었음을 알 수 있다.

말과 행(行)이 일치하고
홀로 있을 때와 보일 때가 일치하고
양심과 행(行)이 일치하고
아는 것과 행(行)하는 것이 일치하는 것이
속이지 않는 참된 인성이다.

과거에도 현재도 변함없는 진리는
진실한 인성이 세상에 유익을 준다는 것.
그 말씀의 가치가
더욱 중요해지는 지금
속이지 않는 참된 인성을 가꾸어야
미래 세상의 주인이 될 것이다.

과거에 이 세상을 크게 이롭게 한 사람들의 자취를 살펴보면 그 사람들은 말과 행동이 일치하고, 홀로 있을 때와 보일 때가 일치하고, 양심과 행동이 일치하고, 아는 것과 행하는 것이 일치하는 진실한 인성을 갖춘 사람이었음을 알 수 있다. 그러므로 우리 청소년들도 미래 세상의 주인이 되려면 내 마음을 속이지 않고, 남을 속이지 않고, 하늘을 속이지 않는 참된 마음, 곧 진실한 인성을 가꾸어 가야 한다. 언행일치(言行一致), 은현일치(隱現一致), 내외일치(內外一致), 지행일치(知行一致)가 속이지 않는 참된 인성이다. 그러므로 속이지 않는 마음, 참된 인성을 가꾸려면 언행일치, 은현일치, 내외일치, 지행일치에 노력해야 한다.

공익을 추구하는 마음: 공심(公心)

과거 세상은
자신만을 위하려는 마음이
주장되는 세상이었다.
그러나 오늘날 이 세상은
서로 돕고 함께 살아가는 세상이 되어
자신만을 위하려는 마음으로는
잘 살 수 없는 세상이 되었다.
따라서 미래 세상의 주인이 되려면
자신만을 위하려는 마음을 버리고
대중을 위하려는 마음,
공익을 추구하는 마음,
즉 공심(公心)으로 살아가야 한다.

공(公)은 공변되다는 뜻이다.
공변되다는 것은 행동이나 일이
사사롭거나 치우치지 않고 공평하다는 뜻이다.
우리는 서로 뗄레야 뗄 수 없는
하나의 세계에서 살고 있다.
혼자서는 살 수 없는 미래 시대.
미래 세상의 주인이 되기 위해서는
청소년 시절부터
작은 일에서부터 큰 일에 이르기까지
공변된 마음을 길러 가야 한다.

마음을 잘 써야 공부를 잘한다

공(公)이란 개인적이 아니고 사회 일반의 여러 사람에 관계되는 것을 말한다. 그러므로 공심(公心)이란 '자신이나 자기 가족만을 위하려는 생각을 버리고 사회나 국가나 대중을 위하려는 마음', 혹은 '공변된 마음'을 말한다. 미래 세상은 혼자서는 살 수 없는, 서로 돕고 함께 살아가는 세상이다. 그렇기 때문에 자신만을 위하는 사심(私心)을 가진 사람, 공변되게 일을 처리하지 않는 사람이 지도자가 되면 그 사회는 발전할 수 없다. 세상에 널리 유익을 주려는 마음을 가진 사람, 모든 일을 공변되게 처리하는 사람이 지도자가 되어야 발전하는 것이다. 그러므로 공심이 큰 사람이 미래 세상의 주인이 될 수 밖에 없다. 작은 일에서부터 큰 일에 이르기까지 청소년 시절부터 공심을 길러 가야 미래 세상의 주인이 될 수 있다.

우주 자연의 이치는 참으로 묘하다. 자신만을 위해서 일하는 사람은 결국 크게 이룰 수 없고, 남을 위해서, 공(公)을 위해서 일하는 사람이 도리어 크게 이루는 이치가 있다. 이는 역사가 증명하는 보편적 사실이다. 그러므로 청소년들이 어릴 때부터 자기나 가족만을 위하려는 생각에서 벗어나 공익을 추구하는 마음, 즉 공심(公心)을 길러 가면 미래 세상의 주인으로 자라날 수 있다.

넓고 깊은 바다에
수많은 물고기가 의지하고 살듯
공심을 지니면
다른 모든 선한 마음들이 길러진다.
주인 정신 역시 마찬가지이다.
큰 공심 아래 큰 주인 정신이 길러진다.
그렇다면 우리는
어떻게 공심을 기를 수 있을까?

공심을 기르는 방법은 어렵지 않다.
경계를 대할 때마다
일단 멈추어서
남에게 유익을 주었는가,
자신만을 위했는가를
대조하자는 것이다.

미음을 잘 써야 공부를 잘한다

공심을 기르면 주인 정신도 자연히 자라나며, 공심이 커진 만큼 도전 정신도 커지는 것이다. 세상 일을 내 일로 아는 큰 주인 정신은 세상에 크게 유익을 주려는 큰 공심에서 나오는 것이다. 공심을 기르는 방법은 어렵지 않다. 첫째, 이 몸이 살아가는 것이 타인과 사회·국가·세계 전체의 도움과 은혜 덕분임을 알아서 타인을 유익 주고 공익을 추구하는 것이 인생의 참 가치인 것을 알자는 것이요. 둘째, 자신만을 위한즉 작게 이루고, 공을 위한즉 도리어 크게 이루는 원리를 알자는 것이요. 셋째, 경계를 대할 때마다 일단 멈추어서 남에게 유익을 주었는가, 자신만의 이익을 추구했는가를 대조하자는 것이다.

공심의 바다

울을 넘어서 하나로 사는 마음: 넓고 큰 마음

이 세상의 모든 전쟁과 반목은

보이지 않는 마음에서 기원한다.

우리의 마음은 원래 울이 없는 것인데

사람 사람마다 살아가면서

각자 나름의 울을 짓는다.

'나'라는 울을 먼저 지어 놓고

그 울을 중심으로 가정·사회·국가·민족·종교 등

각종의 울을 지어 간다.

그 울 안에 있으면 환영하고 우대하며,

그 밖에 있으면 배척하고 차별한다.

사람 사람이 울을 짓는 데서

세상의 모든 테러·전쟁·반목과 차별이 시작된다.

인류가 울을 넘는 과제가 가장 시급하다.

어떻게 인류가 울을 넘어서 하나로 살게 할 것인가?

마음을 잘 써야 공부를 잘한다

테러·전쟁·학교 폭력·상극·반목·차별 등 이 세상의 불행의 원인은 무엇인가? 그것은 사람 사람이 울[27]에 갇힌 삶을 사는 데서 비롯된 것이다. 울을 짓는다는 것은 '경계를 그려 안과 밖을 나누고 안과 밖을 차별하는 마음을 내는 것'을 말한다. 너와 나의 울을 짓는 데서 간격이 생기고, 간격에서 차별과 반목이 나오고, 차별과 반목에서 세상의 불행이 온다. 이 세상의 차별과 반목은 결국 사람 사람이 너와 나를 나누는 울을 짓는 마음에서 비롯된 것이다. 그러므로 오늘날 이 세상에서 가장 급한 일 중 하나는 '인류 각자가 마음속에 드리워진 너와 나를 나누는 울을 넘어서 하나로 살게 하는 일'이다. 어떻게 인류가 너와 나의 울을 넘어서 하나로 살게 할 것인가?

---

[27] 울은 울타리의 준말. 울을 짓는다는 것은 '경계를 그려 안과 밖을 나누고 안과 밖을 차별하는 것', '국한을 지어 차별하는 것'을 말한다.

그 원리는 간단하다.
너와 나의 울을 넘어서 하나로 사는 사람이
이 세상의 지도자가 되면 된다.
지도자가 울을 넘어서 하나로 살면
대중도 울을 넘어서 하나로 살게 된다.
그러므로 미래 세상의 주인이 되려면
울을 넘어서 하나로 사는
넓고 큰 마음을 갖추어야 한다.
청소년 시절부터
울을 넘어서 하나로 사는
넓고 큰 마음을 길러 가면
미래 세상의 주인으로 자라날 수 있다.

울을 넘어서 하나로 사는 방법은 어렵지 않다. 내 마음속 울은 어디까지인가 살펴서 그 울을 넓혀 가면 된다. 대부분의 사람들은 나와 내 가족만이 나라는 울을 짓고 산다. 그러나 그 울을 벗어 버리고 자신과 사회·국가·세계를 나로 알면 '모두가 나'인 '큰 나'가 된다. 때때로 자신을 돌아보아 내가 자신만을 나로 아는 작은 나로 살고 있는가, 가정·사회·국가·세계 '모두를 나'로 아는 '큰 나'로 살고 있는가 대조하다 보면 누구든 미래 세상의 주인으로 자라날 수 있다.

울을 넘어서 하나로 사는 방법은
나의 울이 어디까지인가 살펴보는 것이다.
나는 나만을 나로 알고 살고 있는가
내 가족만을 나로 알고 살고 있는가
내 직장만을 나로 알고 살고 있는가
국가·세계 모두를 나로 알고 살고 있는가
살펴보고 대조해서 그 울을 넓혀 가면 된다.

대부분의 사람들은
내가 사는 집만을 내 집으로 알고 산다.
하지만 작은 내 집의 울을 벗어 버리면
이 세상은 나의 집이 되고,
세상 전체가 내 집에 들어올 수 있다.
이 세상은 나의 집
우리는 과연
그 넓고 큰 집에서 살고 있을까?

마음을 잘 써야 공부를 잘한다

대부분의 사람들은 내가 사는 집만이 내 집이라는 울을 짓고 산다. 내가 사는 집만이 내 집이라는 울에 갇힌 삶을 살면 내 집에는 나, 우리 가족, 우리 학교, 우리 반, 친한 친구만이 들어올 수 있다. 그러나 내 집의 울을 벗어 버리면 이 세상 전체가 나의 집에 들어올 수 있어서 '이 세상은 나의 집'이 된다. 때때로 자신을 돌아보아 내가 사는 집만 나의 집이라는 울에 갇힌 삶을 살고 있는가, '이 세상은 나의 집'이라는 울을 넘은 삶을 살고 있는가 대조하다 보면 누구든 미래 세상의 주인으로 자라날 수 있다. 부록 9,10

실력을 갖추어 미래를 준비하자

미래 세상 주인이 갖추어야 할
정신과 인성을 갖추었다 하더라도
원대한 꿈을 이루려면
그 일을 할 수 있는 실력을 갖추어야 한다.
실력을 갖추지 않은 사람이 꾸는 꿈은
아무리 원대하다 하더라도
결국 이룰 수 없어서 물거품이 된다.

실력은 간단히 정의하면
사고력·집중력·주의력으로 쌓아 올린
학습 능력과 학업 성과, 그리고
그 결과로 얻어진 전문 능력을 말한다.
원대한 꿈과 이상을 품고
미래 세상의 주인이 갖추어야 할 인성을 기르며
그 일을 할 수 있는 실력을 기르기에 노력하고
미래를 준비하는 사람은
이 세상의 주인으로 자라날 것이다.

가정·사회·국가·세계 전체를 내 일로 아는 주인 정신과 미래 세상의 주인이 갖추어야 할 인성을 갖추었다 하더라도 이 세상을 더 나은 세상으로 만들려는 원대한 꿈을 이루려면 통과해야 할 한 가지 관문이 더 남아 있다. 그것은 그 일을 할 수 있는 실력을 갖추는 것이다. 그 일을 이루는 데 필요한 실력을 갖추지 않으면 아무리 큰 꿈을 이루려 한다 하더라도 이룰 수 없는 것이다. 그러므로 실력은 원대한 꿈을 이루는 필수 조건이다.

　　실력이란 사고력과 집중력과 주의력으로 쌓아 올린 학습 능력과 학업 성과, 그리고 그 결과로 얻어진 전문 능력을 말한다. 학교 다닐 때에는 사고력·집중력·주의력으로 쌓아 올린 학습 능력을 말하며, 학습 능력이 쌓여서 학습 성과가 되고, 학습 성과는 직업 전선에서 전문 능력으로 변한다. 이 세상을 더 나은 세상으로 만들어 가는 원대한 꿈은 직업 활동을 통해서 이루어 가고, 직업 활동은 전문 능력을 가지고 해 나간다. 미래 세상의 주인이 될 우리 청소년들은 자신과 사회와 국가·세계를 더 나은 세상으로 만들어 보려는 원대한 꿈과 이상을 가지고 미래 세상의 주인이 갖추어야 할 인성과 실력을 길러야 한다. 원대한 꿈과 이상을 가지고 미래 세상의 주인이 갖추어야 할 실력을 준비해 가면 누구나 다 미래 세상의 주인으로 자라날 수 있다.

학부모의 자녀 멘토링

학부모가 자녀의 멘토가 되어야 한다

누구나 처음부터
삶을 풀어 가는 원리를
알고 태어나는 것은 아니다.
더러는 고난과 고초의 과정을 거쳐
스스로 답을 찾기도 하고
혹은 인생의 멘토를 만나
그들이 먼저 밟아 놓은 길을 따라가기도 한다.
그렇다면 과연
누가 학생들을 마음으로 하는 공부로
인도해 줄 멘토가 될 것인가?

'마음으로 하는 공부'는 열정으로 씨를 뿌리고 인성으로 결실을 거둔다. 스스로 공부하려는 열정을 끊임없이 지속시키는 에너지는 원대한 꿈을 품은 마음에서 나온다. '마음으로 하는 공부'는 공부의 원리를 알아서 그 원리를 따라 하는 공부이며, 공부의 원리는 인성을 관리하며 스스로의 열정으로 공부할 때 깨달아진다. 학생 스스로가 원대한 꿈을 품고, 인성을 관리하며, 공부의 원리를 깨달아서 열정으로 공부한다면 더없이 좋겠지만 대부분의 학생들은 그렇지 못하여서 그 길로 인도해 줄 멘토가 필요하다. 과연 누가 '마음으로 하는 공부'로 인도해 줄 멘토가 될 것인가?

가장 먼저 떠오르는 생각은

학교 선생님이다.

선생님은 학생들과 많은 시간을 함께하여

학생들의 성격을 잘 알고 있으며

교육 지식과 경험이 풍부하지만

마음으로 하는 공부의 멘토가 되는 데에는

몇 가지 해결하기 어려운 문제점을 가지고 있다.

선생님은 교과 수업과 학생 지도의

기본 업무가 너무 많아서

학생 한 명 한 명을 상세히 관찰하여

멘토링 하기에는 절대적 시간이 부족하다.

그 대안으로 생각되는 것은

학부모가 자녀의 멘토가 되는 것이다.

학부모는 자녀가 자라온 내력을

상세히 알고 있으며,

관심만 가지면

자녀의 학습과 인성을 관찰하여

상세한 정보를 얻을 수 있어서

자녀를 멘토링 하는 법을 배워서 익히면

자녀의 이상적인 멘토가 될 수 있다.

일차적으로 교육 지식과 경험이 풍부한 학교 선생님을 생각할 수 있다. 하지만 학교 선생님은 교육 지식과 경험이 풍부한 반면 '마음으로 하는 공부'의 멘토가 되는 데에 몇 가지 해결하기 어려운 문제점을 가지고 있다. 그 이유는 첫째, 선생님은 교과 수업과 학생 지도의 기본 업무가 과중하기 때문에 학생 한 명 한 명의 학습과 인성과 생활을 상세히 관찰하여 '마음으로 하는 공부'의 멘토링을 하기 위한 절대적 시간이 부족하다. 둘째, 선생님은 '마음으로 하는 공부'의 멘토링에 필요한, 학생들이 자라온 내력과 현재 생활 상태에 대한 상세 정보를 얻기 어렵다. 셋째, 담임 선생님이 매년 바뀌기 때문에 학생들을 지속적으로 지도하기가 어렵다.

　그 대안으로 생각되는 것은 학부모가 자녀의 멘토가 되는 것이다. 학부모는 자녀 멘토링에 대한 교육 지식이나 경험이 없다. 그러나 자녀가 자라온 내력을 상세히 알고 있으며, 관심만 가지면 자녀들의 현재 학습과 인성에 대해 상세한 정보를 얻을 수 있어서 선생님이 멘토가 되는 것에 대한 한계에서 벗어날 수 있다. 이 모든 문제들을 종합적으로 판단해 볼 때에 학부모가 자녀 멘토링 하는 법을 교육 받은 후, 학교 선생님의 지도 아래 각자의 자녀를 멘토링 하는 것이 가장 실효성이 클 것으로 판단된다.

어떻게 학부모가 자녀의 멘토가 될 수 있을까?

친구들과 있을 땐 신나게 떠들다가도
집에만 오면
부모님 앞에만 서면
꿀 먹은 벙어리가 되는 학생들,
가장 편안해야 할 집에서
사춘기 청소년들은 대부분
불편한 기류와 침묵을 체험한다.

잠깐 게임을 하려고 하면
어김없이 시작되는 엄마의 잔소리
해야 하는 숙제와 공부가 잔뜩 있다는 것은 알지만
학생 스스로 챙겨서 할 수 있도록
지도하는 방법은 없는 것일까?

요즈음 청소년들은 친구들과 있을 때는 신나게 떠들다가도 집에만 오면 침묵한다. 그것은 부모와 마음이 통하지 않기 때문이다. 청소년들은 어려운 문제가 생기면 그 문제의 해결을 위해서 친구들과 대화를 한다. 그러나 부모에게는 그 문제를 말하지 않는다. 말을 하면 부모가 지도를 하려 하기 때문이다. 부모가 자녀의 마음을 공감해 주지 못한 상태에서의 지도는 신뢰를 주지 못하며, 오히려 자녀가 스스로 문제를 해결하려는 의지를 저하시킨다. 그 대표적인 예가 부모가 자녀에게 공부하라고 잔소리하는 것이다. 부모의 공부하라는 잔소리는 당연한 말을 하는 것이지만 자녀가 스스로 공부하려는 의지를 꺾는다. 그것은 부모가 자녀와 공감을 이루지 못한 상태에서의 지도이며, 자녀가 부모를 신뢰하지 않은 상태에서의 지도이기 때문이다. 왜 자녀로부터 가장 가까워야 할 부모가 가장 먼 존재가 되어 버렸을까?

물론 자녀들이 스스로 알아서 숙제를 하고
예습과 복습을 한다면
이 세상 부모님들이 얼마나 좋아하련만
해야 할 일은 하지 않고
하고 싶은 일만 하는 학생들이 대다수이기에
부모님의 속은 타들어 갈 수밖에 없다.
비싼 과외를 시키고
밤낮으로 잔소리를 해 보아도
어쩐지 내 자녀에게 좀처럼 느껴지지 않는
공부에 대한 열정
그리고 그러는 사이에
점점 멀어지는 자녀와의 거리
왜 이 시대의 부모들은
가장 가까이에 살면서도
자녀로부터 가장 먼 존재가 되어 버렸을까?

아무리 좋은 과외 수업을 받고 온다 하여도
혹은 좋은 멘토를 만나
마음에 불이 붙어 온다고 하여도
가장 가까이서 지내는 부모로 인해서
자녀 마음의 불이 꺼진다면
그 모든 것들이 무슨 소용이 있을까?
부모도 자녀와 친구처럼 대화하며
자녀의 마음에 불을 붙여 주는
좋은 멘토가 되는 방법은 없는 것일까?

마음을 잘 써야 공부를 잘한다

요즈음 학생들은 선생님 혹은 좋은 멘토를 만나서 스스로 공부하려는 열정의 불이 붙을 기회가 있다. 그러나 집에만 오면, 공부하라는 부모의 잔소리를 들으면 가까스로 붙은 열정의 불은 꺼져 버린다. 그것은 부모가 점화의 원리를 모르고 지도하기 때문에 일어나는 현상이다. 스스로 공부하려는 열정의 불은 신뢰하는 사람을 만나야 옮겨 붙고, 공감하는 사람을 만나야 피어오르기 때문이다. 부모가 자녀와 친구처럼 대화하며 자녀의 마음에 불을 붙여 줄 수 있는 방법은 없을까? 자녀가 마음에 원대한 꿈을 품고 스스로의 열정으로 공부하도록 학부모가 자녀를 멘토링 하는 법은 없는 것일까?

좋은 자녀에서 위대한 자녀로

학부모는 자녀에게
왜 공부를 저렇게 안 하지?
하는 질문을 던지기보다는
스스로 자기 자신에게
깊은 질문을 던져 볼 필요가 있다.
무엇을 위해 자녀를 교육하고 있는가?

마음을 잘 써야 공부를 잘한다

자녀가 스스로의 열정으로 공부하려는 마음을 일으키는 가장 빠른 길은 먼저 자녀에게 원대한 꿈을 품게 하는 것이다. 그러기 위해서는 어린 시절부터 자녀에게 현인들과 성인들의 전기를 읽어 주는 것이 좋다. 더 자라면 스스로 읽도록 인도해야 한다. 그리고 부모 자신이 원대한 꿈을 품고 그 꿈을 이루려는 삶을 살아서 자녀가 그 마음을 본받게 하여야 한다. 그렇지 못한다면 자녀들이 원대한 꿈을 가질 수 있는 환경을 조성해 주어야 한다. 성모 밑에서 성자가 나오고 원대한 꿈을 가진 부모 밑에서 원대한 꿈을 이루는 자녀가 나오는 것은 우주 자연의 원칙인 것 같다. 맹자의 어머니가 삼천지교[28]로 맹자를 성인으로 만든 것이 그 좋은 예이다. 맹자가 성인이 된 것은 맹자의 어머니가 자녀 교육을 위한 환경 조성에 남다른 정성을 기울인 결과라 생각된다. 자녀가 원대한 꿈을 가지고 스스로의 열정으로 공부하는 사람으로 자라나게 하기 위해서는 먼저 그렇게 될 수 있는 교육 환경을 조성해 주어야 한다. 청소년들에게 가장 크게 영향을 주는 교육 환경은 부모가 자녀를 교육하는 궁극적인 목적이다. 현대의 부모들은 과연 무엇을 향해서 자녀를 교육하고 있는가?

---

28 맹모삼천지교(孟母三遷之敎): 전통적 해석은 다음과 같다. 맹자의 어머니는 처음에 시장 근처로 이사한다. 그러나 시장 근처에서 맹자가 배우는 것은 장사하는 행위였다. 그래서 맹자의 어머니는 조용한 무덤 옆으로 이사를 했다. 그러나 맹자가 따라 하는 것은 장례 지내는 것이었다. 맹자의 어머니는 다시 서당 근처로 이사했다. 맹자는 비로서 글 읽는 것을 따라 하다가 학문에 입문하여 성인이 되었다는 것이다.

자녀가 좋은 대학에 가고

좋은 직장을 얻는 것

경제적 안정을 얻고

행복한 결혼 생활을 하는 것

대부분 학부모의 꿈은 여기서 그치고 만다.

이러한 삶은 누구나 원하는

좋은 삶은 될지언정

인류 문명 역사의 새로운 장을 여는

위대한 삶이 될 수는 없다.

자녀가 인류 문명 역사의 새로운 장을 여는

위대한 삶을 살도록 하기 위해서는

자녀가 자기 자신만을 위하려는 삶을 넘어서

자신과 사회·국가·세계 전체를 위한 삶을 살려는

Good to Great의 인식 체계 대전환을 이루도록

인도해 주어야 한다.

자녀가 원대한 꿈과 이상을 가지고

미래 세상의 주인으로 자라나도록

가장 가까운 곳에서

학부모가 자녀의 멘토가 되자는 것

그것이 바로 학부모 자녀 멘토링의 목적이다.

학부모가 자녀를 멘토링 하려는 궁극적 목적은 자녀가 원대한 꿈과 이상을 가지고 스스로의 열정으로 공부하게 하자는 것이며, 스스로 인성을 관리하게 하자는 것이다. 자녀가 원대한 꿈과 이상을 가지고 스스로의 열정으로 공부하여 미래 세상의 주인으로 자라나기 위해서는 먼저 'Good to Great의 인식 체계 대전환(Paradigm Shift)'을 이루어야 한다. 'Good to Great의 인식 체계 대전환'이란 자기 자신만을 위하려는 삶을 넘어서 사회·국가·세계 전체를 위한 삶을 살아 보려는 사고의 대전환을 말한다. 그러기 위해서 가장 선행되어야 하는 것은 학부모의 자녀 교육관이 'Good to Great의 인식 체계 대전환'을 이루는 것이다. 그러면 자연히 자녀도 부모의 사고를 본받아서 'Good to Great의 인식 체계 대전환'을 이루는 것이다.

네 가지 멘토의 역할

자녀를 마음으로 하는 공부로 인도하기 위해서는
학부모가 어떤 방법으로 자녀의 멘토 역할을 해야 할까?
멘토의 역할에는 네 가지 단계가 있다.

첫 번째 단계는 관찰이다.

관찰은
처음부터 자녀를 가르치려고 하지 말고
자녀가
학교 수업이나 학원 수업을 잘 따라가고 있는지,
친구 관계는 원활한지
심정에 무슨 변화가 일어나고 있는지
학습역량과 인성역량을
때에 맞게 길러 가고 있는지
두루 세밀하게 살피는 것이다.
이러저러한 판단을 놓고
있는 그대로 살피는 것이다.

학부모가 자녀를 멘토링 하는 데는 네 단계가 있다. 멘토의 네 가지 역할이라고도 한다. 자녀를 멘토링 할 때에 처음부터 지도하려 하면 안 된다. 멘토링에는 단계가 있고 그 순서를 따라 멘토링을 해야 원하는 것을 이룰 수 있다.

첫 단계는 '관찰'이다. 자녀가 학습역량과 인성역량을 때에 맞게 길러 가고 있는지, 학교 수업과 학원 수업을 잘 따라가고 있는지, 친구 관계는 원활한지 관찰하는 것이다. 그 중에 빼놓을 수 없는 것은 자녀의 꿈이 좋은 삶을 향하는지 위대한 삶을 향하는지를 관찰하는 것이다. 자녀의 생활과 마음 상태를 어떻게 관찰할 수 있느냐가 문제이다. 눈으로 보이는 것만 관찰해서는 한계가 있다. 자녀의 보이지 않는 곳에서의 생활은 알 수가 없고 더욱이 자녀의 속 깊은 마음 세계는 관찰하기 어렵다. 그러므로 관찰을 잘하기 위해서는 부모는 먼저 자녀와 소통해야 한다. 부모가 자녀와 소통을 잘하여 자녀가 자기의 마음 상태와 학업 상태나 밖에서 일어난 일 등을 부모에게 스스로 상세히 말해 주는 것이 가장 관찰을 잘하는 방법이다.

관찰은 모든 멘토링의 기본이다.
관찰에 바탕하지 않은 상담과 지도는
성공할 수 없다.

관찰하다 보면 자연히
자녀가 부모의 도움이 필요한 순간들이 찾아온다.
아직은 세상에 미숙한 나이이므로
어려움이 있을 때
자녀가 손을 내밀거나 혹은
부모가 먼저 손을 내밀어서
마음과 마음이 자연스럽게 만나야 한다.

관찰에는 일반적 관찰과 지속적 관찰이 있다.
자녀를 잘 관찰하기 위해서는
최상의 자녀 관찰 시스템을 갖추어야 한다.
자녀가 자신의 마음 상태나 학업 상태나
밖에서 일어난 일 등을
실시간으로 상세히 부모에게 이야기를 한다면
가장 이상적인 관찰이 될 것이다.
관찰 시스템을 최상으로 만들기 위해서는
자녀와의 소통 시스템을
일방향(one-way) 소통에서
양방향(two-way) 소통으로
전환해야 한다.

　관찰에는 일반적 관찰(observation)과 지속적 관찰(monitoring)이 있다. 지속적 관찰은 자녀가 자기의 상태를 실시간으로 부모에게 알려 주는 것인데 최상의 관찰 시스템이다. 지속적 관찰에까지 이르는 것이 관찰의 목표이다. 관찰 시스템을 최상으로 만들기 위해서는 자녀와의 소통 시스템을 **일방향(one-way) 소통**에서 **양방향(two-way) 소통**으로 전환해야 한다.

　일방향 소통이란 자녀가 일방적으로 부모에게 보고하는 소통이고, 양방향 소통이란 자녀도 자기의 상태를 부모에게 알리고, 부모도 자기의 상태를 자녀에게 알려서 대등한 입장에서 소통하는 것이다. 친구와의 소통은 양방향 소통이다. 부모 자녀의 소통이 친구와의 소통처럼 간격이 없이 이루어질 때 멘토링의 전제 조건인 최상의 관찰 시스템이 조성되었다고 한다.

관찰이 원활하게 이루어지면

멘토링의 두 번째 단계인 상담을 시작해야 한다.

상담은 멘티, 즉 자녀의

인성역량과 학습역량을 고취시키고

그 방해 요인을 제거하여

목표로 하는

인성역량과 학습성과를 얻도록

돕는 것을 말한다.

상담의 단계에서 중요한 것은

아직 무언가를 가르치려 하면 안 된다는 것이다.

학생이 친구에게는 자신의 마음을 다 털어놔도

부모에게는 털어놓지 못하는 이유는

자꾸 지도를 하려고 하기 때문이다.

그래서 이 때에는 자녀와 같은 눈높이에서

이야기를 공감하면서 들어주는

공감소통이 먼저 이루어져야 한다.

자녀를 멘토링 하기 위해서는 먼저 자녀를 관찰하여야 하고, 그 다음 단계로 **상담**을 해야 한다. 자녀를 지도하기 전에 반드시 상담의 단계를 거쳐야 한다. 관찰에서의 소통과 상담이 다른 것은 관찰에서의 소통은 자녀와 부모가 현재 어떤 일이 일어나고 있는지 마음 상태가 어떤지 상호 그 정보를 알리는 것이라면, 상담은 자녀가 해결해야 할 문제를 가지고 부모와 대화하는 것이다.

대등한 입장에서 대화할 때를 상담이라 하고 가르치는 자와 배우는 자의 상하 관계에서 대화할 때는 **지도**라 한다. 자녀는 어려운 문제가 있으면 친구들과 대화를 한다. 그것이 상담이다. 그러나 그 문제를 부모에게는 말하려 하지 않는다. 왜냐하면 부모에게 어려운 문제를 말하면 지도가 따르기 때문이다. 따라서 부모가 자녀의 상담자가 되려면 자녀가 자기 문제를 말할 때 지도를 먼저 하려 하면 안 된다. 친구처럼 상담해 주어야 한다.

공감소통의 원리는 구있감이다.
그랬구나
그런 마음이 날 수도 있지
~하니 감사하다.
이 원리로 학부모가 자녀와
공감 실습을 해 보아야 한다.

모든 것을 받아 주다가
자녀의 행동이 더 나빠질까
의문이 들 수가 있다.
공감이란 상대의 감정을 이해해 주는 것이지
잘못된 행동을
인정해 주는 것은 아니다.
상대의 마음을 담아줄 수 있으면서도
내 스스로가
중심을 잃지 않는 마음이 되는 것이
공감소통의 원리이다.

상담의 원리는 '공감소통'이다. 자녀의 문제에 대해서 지도하려 하지 말고 먼저 공감해 주어야 한다. '공감소통'의 원리는 "**구있감**" 즉, '그랬**구**나', '그런 마음이 일어날 수도 **있**지', '~하니 **감**사'이다. '그랬구나'는 그 사건을 긍정하지도 부정하지도 않으면서 있는 그대로 바라보는 것이다. '그런 마음이 일어날 수도 있지'는 그 상황에서 그런 마음이 들 수 있다는 것을 공감해 주는 것이다. '~하니 감사'는 '그런 말을 숨김없이 이야기해 주니 감사하다'는 것이다. 부모가 자녀에게 이러한 자세로 다가가면 자녀가 자신의 속 깊은 이야기를 말하지 않을 수 없다. 이것이 상담이다. "그렇게 다 들어주다가 자녀의 버릇이 나빠지면 어떻게 하나요?"하고 의문을 가질 수 있다. 그러나 '공감소통'은 자녀의 현재 상태를 있는 그대로 보라는 것이지 중심이 흔들려 자녀의 그른 행동을 인정하라는 것은 아니다. '공감소통'은 부모가 자녀를 신뢰하여서 소통이 이루어지는 것이다. 부모와 자녀 사이에 '공감소통'이 이루어진다는 것은 부모가 자녀를 지도할 조건이 형성된 것을 뜻한다.

부모가 자녀를 신뢰하여 공감소통이 이루어지면
세 번째 단계 지도를 시작할 수 있다.

지도는 자녀가 목표로 하는
인성역량과 학습성과를 얻도록
지도하는 것을 말한다.

이 때에도 지도는
그 동안 철저하게 관찰하고
상담해왔던 내용들을 바탕으로
조심스럽게 이루어져야 하며
아직 지도 받을 준비가 되어 있지 않은데
조급히 지도해서
실패하는 결과를 만들면 안 된다.
실패하는 지도는 안 하느니만 못하다.

부모가 자녀를 신뢰하여 공감소통이 이루어지면 다음 단계인 지도를 할 수 있는 조건이 형성된 것이다. 지도는 충분한 관찰과 상담의 바탕 위에 이루어져야 한다. 왜냐하면 지도는 자녀의 문제를 해결할 수 있는 부모의 통찰력에서 나오는 것이고, 그 통찰력은 관찰과 상담에 의해서 얻어진 풍부한 정보에 바탕하여 생각을 궁굴러서 얻은 지혜의 힘에서 나오기 때문이다. 그러나 지도는 지혜만으로 이루어지는 것은 아니다. 또 다른 요소는 진실이다. 부모 자신이 실행이 없는 상태에서 지도하면 그것은 진실이 아니다. 자녀가 부모의 지도를 받아서 실행으로 옮기려면 자녀의 진실한 마음이 작용해야 하는데 부모의 마음이 진실하지 않으면 자녀의 진실한 마음을 감응시키지 못한다.

부모들의 자녀 지도가 실패하는 원인은
신뢰가 형성되지 않은 상태에서
지도를 하려 하기 때문이다.
부모의 지도가 성공하기 위한 선결 조건은
자녀가 부모를 신뢰하는 것이다.
지도 역시 성공을 해서 자녀가
"아! 부모님의 말을 들으면 결과가 좋구나"하는
신뢰가 계속 형성되어야 한다.

자녀가 부모를 신뢰하는 원리는
진심소통에 있다.
진심소통이란 부모가 먼저 실천하여
거짓 없는 진실로 가르침으로써
부모의 진실한 마음과 자녀의 진실한 마음이
서로 통하는 것을 말한다.

그러나 부모 역시 완전한 존재일 수 없기에
부모의 실천이 부족할 때에는
'~해라'에서 '함께하자'로 전환하는 것이 좋다.
이것이 학부모 자녀 멘토링
지도의 요결이다.

미음을 잘 써야 공부를 잘한다

아무리 옳은 지도라 할지라도 자녀가 부모를 신뢰하지 않으면 실행하려는 믿음과 의지가 생기지 않는다. 자녀를 지도하는 통찰력은 관찰과 상담에 바탕해서 생각을 궁굴리면 얻어질 수 있지만 자녀가 부모를 신뢰하는 마음은 생각만으로 얻을 수 없다. 자녀가 부모를 신뢰하는 마음은 부모의 행동을 보고 형성된다. 부모가 먼저 실천하고 거짓 없는 진실로 가르칠 때 부모의 진실한 마음과 자녀의 진실한 마음이 통하게 된다. 이것을 '진심소통'이라고 한다. '공감소통'이 부모가 자녀를 신뢰하는 데에서 나오는 것이라면 '진심소통'은 자녀가 진실한 부모를 보고 신뢰하는 데에서 나온다. 부모가 먼저 실천하면서 가르치는 것을 '솔선수범'이라고도 하고, '언행일치'라고도 한다. 자녀를 가르치는 말과 부모의 행동이 일치하는 것이다. 멘토가 자신이 가르치는 내용을 먼저 실천하는 것, 그것은 역사가 흐를지라도 변치 않는 멘토링의 원칙일 것이다.

멘토링의 마지막 단계는 점화이다.

점화는 자녀가
스스로의 열정으로 공부하고
스스로 인성을 관리하도록
마음의 불을 붙이는 것을 말한다.
부모가 자녀를 신뢰하고
자녀가 부모를 신뢰하는 마음에서
점화의 조건이 형성된다.
마음의 불은 옮겨 붙는 것이다.
점화는 부모 마음의 불을
자녀에게 옮겨 붙이는 것이다.

자녀의 마음에
점화의 조건이 형성되었다 하더라도
옮겨 붙일 불씨가 없다면
점화될 수 없다.
그러므로 부모의 마음이 먼저 점화되어
자녀에게 옮겨 붙일 불씨를 마련해야
자녀의 마음에
불을 붙일 수 있다.

부모의 마음에 어떻게 자녀에게 옮겨 붙일 불씨를 마련할 것인가? 그것은 부모가 먼저 점화되어 불씨를 가지는 것이다. 이를 위해서는 부모가 자녀를 교육하는 목적이 자녀가 좋은 삶을 살도록 하는 것을 넘어서 위대한 삶을 살도록 하려는 것으로 전환되어야 한다. 즉 부모의 교육 목적이 'Good to Great의 인식 체계 대전환'을 이루어야 하는 것이다. 그리고 부모 자신도 원대한 꿈과 이상을 가지고 이를 이루기 위해서 미래를 준비하는 삶을 살도록 노력해야 한다. 그럴 때에 '지행일치'가 되고 '진심소통'이 되어서 부모 마음의 불씨가 자녀의 마음으로 옮겨 붙는 것이다.

이 글을 쓰게 된 근본 목적의 하나는 공부길을 잡지 못하고 타력에만 의지하여 방황하는 우리 청소년들을 '마음으로 하는 공부'로 인도하려는 것이며, 또 하나는 사교육의 범람으로 중심을 잃어 가는 공교육이 그 중심을 회복하여 교육의 주체로 서도록 하는 '교육 개혁'을 이루고자 하는 것이다.

이 글은 우리 학생들이 스스로의 열정으로 공부하고, 공부의 원리를 알아서 공부하는 '마음으로 하는 공부'를 실현하도록 하려는 필자의 오랜 염원을 담아 펼쳐낸 글이다. 많은 학생들이 공부를 잘하려면 머리가 좋아야 되고 고품질의 과외나 학원 수업을 받아야 된다고 생각한다. 그렇지 못한 학생들은 자신의 형편을 돌아보며 절망에 빠져든다. 이 책이 목적하는 바는 학생들에게 공부를 잘하고 못하는 것이 외적 조건에 있는 것이 아니고 마음을 어떻게 사용하느냐 하는 내적 조건에 달려 있다는 것을 알려 주는 데 있다. "마음을 잘 써야 공부를 잘한다"는 이 책의 표제는 공부가 뜻과 같이 안되어 절망하는 학생들에게 큰 희망이 될 것이다. 왜냐하면 마음을 잘 쓰는 것은 누구나 마음만 먹으면 가능하기 때문이다.

그렇다면 이 책이 인도하는 길을 따라 가면 누구나 다 바로 공부를 잘할 수 있을 것인가? 그럴 수도 있고, 그렇지 않을 수도 있다. 모든 일에는 순서가 있어서 순서를 따라서 노력을 하면 목적한 바를 이룰 수 있지만 순서를 따르지 않으면 노력을 해도 목적을 이룰 수 없기 때문이다. 이 책을 활용해서 공부를 잘하려면 어떤 순서를 밟아야 할 것인가? 먼저 '**마음을 잘 써야 공부를 잘한다**', '**인성을 관리해야 공부의 큰 결실을 거둘 수 있다**'는 전제에 대한 굳건한 믿음을 세워야 한다. 이 믿음이 굳건히 세워지면 이 책이 제시하는 길을 반드시 따르겠다는 마음이 정(定)해지고, 그 마음이 정해지면 그 길을 가다가 어떤 어려움에 부딪친다 하더라도 물러서지 않는 분발심이 생기고, 물러서지 않는 분발심으로 노력해야 공부의 원리를 알아보려는 탐구심이 생기고, 그 탐구심이 지속되어야 공부의 원리가 깨달아지고, 그 깨달은 원리대로 공부해야 그 목적한 바를 이룰 수 있기 때문이다.

이 책에 공부 잘하는 원리가 다 설명되어 있음에도 불구하고, 그 원리가 각자의 소유가 되지 않는 것은 실생활에서 그 원리대로 실습하여 실증(實證)하지 않기 때문이다. 글을 읽어서 안다고 해서 그 아는 것이 그대로 실행으로 옮겨지는 것은 아니다. 학생들이 이 책을 읽고 공부 잘하는 원리를 이해하는 것은 어려운 일이 아니다. 그러나 각자의 생활 속에서 그 원리를 실행으로 옮겨서 공부의 실효과를 얻는 것은 쉬운 일이 아니다. 그러나 공부의 실효과를 거두는 요긴한 길이 있다. 학생이 이 책을 읽고 읽고 또 읽고 그 뜻을 새기고 새기고 또 새겨서 이 책이 제시하는 공부의 원리를 몸과 마음에 질박이[29] 실행하는 것이다. 그러기 위해서는 그 실행의 길로 인도해 줄 멘토가 필요하다. 학부모가 먼저 이

---

29 질박다: 소의 고삐를 굳게 잡고 사람이 원하는 대로 길들일 때 쓰는 말

책을 읽고 자녀 멘토링법을 터득하여 자녀를 '마음으로 하는 공부'로 인도하는 멘토가 되는 것이 최선의 길이 될 것이다.

이 책을 쓰면서 가장 의문시된 것은 과연 이 글을 통해서 전달하고자 하는 필자의 본의가 목표로 하는 독자들에게 잘 전달될 수 있을까 하는 것이었다. 왜냐하면 필자는 1950년도생이고 이 책은 청소년들과 그들의 학부모들을 주대상으로 집필하였기에 필자와 독자 사이에 30년에서 60년까지의 세대 차가 나서 살아온 시대가 다르고, 언어 습관이 다르며, 사물을 대하는 사고방식에도 많은 차이가 있기 때문이다. 이 문제 극복의 실마리는 12년 전 원학습인성교육 프로그램을 처음 개발할 때부터 지금까지 청소년들의 교육을 담당해 온 멘토들로부터 찾을 수 있었다. 필자가 이 책의 시문과 설명문을 쓰면 이들 멘토들이 이 책이 목표로 하는 독자들과 교감하며 필자의 본의가 잘 전달될 수 있는 언어와 문장으로 전환하는 작업을 하였기 때문이다. 그 일에 수고를 아끼지 않았던 최영진, 조여주, 강지영, 전주연에게 깊은 감사를 드린다. 이 책의 문법과 문구 교정은 국문학 박사인 이형진이 담당하였다. 이에 대해서도 깊은 감사를 드린다.

부록

우리 아빠의 역사 인터뷰

아빠의 유년 시절

- 아빠는 어떤 학생이었을까?
- 아빠는 어떤 성격을 지녔을까?

아빠의 학창 시절

- 아빠가 가장 친했던 친구는?
- 기억에 남는 에피소드는?

아빠의 청년 시절

- 아빠는 무엇이 가장 힘드셨을까?
- 아빠와 엄마는 어떻게 만나셨을까?
- 아빠가 지금의 직업을 택하게 된 계기는?

_____

_____

_____

느낀 점

_____

_____

_____

_____

질문 예시 1. 아빠가 가장 힘들었을 때는? 2. 아빠가 가장 행복했을 때는? 3. 아빠의 꿈은?

부록 2
우리 엄마의 역사 인터뷰

엄마의 유년 시절

- 엄마는 어떤 학생이었을까?
- 엄마는 어떤 성격을 지녔을까?

_____

_____

_____

_____

엄마의 학창 시절

- 엄마가 가장 친했던 친구는?
- 기억에 남는 에피소드는?

_____

_____

_____

_____

엄마의 청년 시절

- 엄마는 무엇이 가장 힘드셨을까?
- 엄마와 아빠는 어떻게 만나셨을까?
- 엄마가 지금의 직업을 택하게 된 계기는?

_____

_____

_____

느낀 점

_____

_____

_____

_____

_____

질문 예시 1. 엄마가 가장 힘들었을 때는? 2. 엄마가 가장 행복했을 때는? 3. 엄마의 꿈은?

무한한 가능성을 갖춘 소중한 나

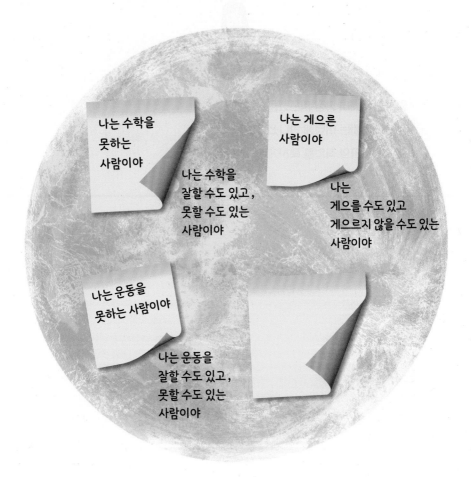

방법

1 내 마음에 때때로 일어나는 규정을 포스트잇에 적어 달 위에 붙인다.

2 내 마음에 그 규정이 일어나려 할 때마다 "아니야!"하고 크게 외치며 포스트잇을 뗀다.

3 달 위에 '이렇다'라고 규정할 수 없는, '그럴 수도 있고 그렇지 않을 수도 있는' 모든 가능성을 갖추고 있는 나의 원래 모습으로 고쳐 적는다.

4 실생활에서 규정이 일어날 때마다 계속 연습하고 나의 원래 모습을 연구한다.

사고력 대조표

번호	해야 할 일·하고 싶은 일	실행할 순서	실행한 순서	편차 절댓값
1				
2				
3				
4				
5				
6				
7				
8				
9				
10				
하루경영사고력 점수 = 100-{편차의 절댓값 총합/(항목수)²}×100			Σ|편차|	

1 하루의 해야 할 일과 하고 싶은 일 전체를 순서 없이 기재한다.

2 실행할 순서를 기재한다.

3 사고력 대조표 상에 기재된 해야 할 일과 하고 싶은 일 중, 불가피하게 할 수 없었던 일이 발생할 경우 그 항목을 사고력 대조표 상에서 삭제하고 실행할 순서를 조정한다.

4 하루를 마친 후 실행한 순서를 기재한다.

5 각 항목에 대하여 실행할 순서와 실행한 순서의 편차의 절댓값을 계산한다.

6 실행을 하지 않은 항목에 대해서는 해야 할 일과 하고 싶은 일의 전체 항목 수를 편차 절댓값 란에 기재한다.

마음구멍 때우기

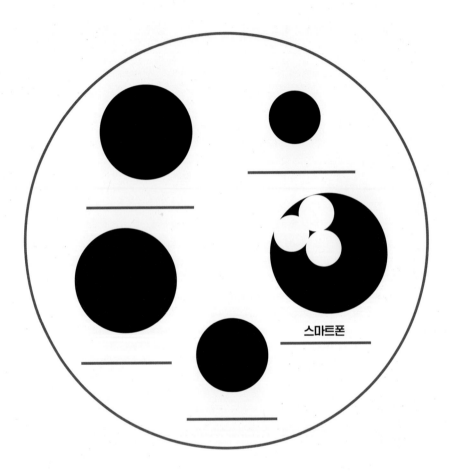

스마트폰

 방법
1 마음구멍 발견: 내 마음이 어디로 새고 있나 관찰하여 워크시트 마음구멍에 적는다 .
2 마음구멍을 알아차리고 집중하려는 한 생각을 챙길 때마다 구멍을 스티커로 때운다.

인성관리 대조표

경계	온전			생각			실천
	멈춤	살핌	돌이킴	관찰	생각	판단	결단

온
멈춤 살핌 돌이킴

생
관찰 생각 판단

실
결단

일단 멈추어서 온전한 정신을 회복하고
생각을 궁굴려서 바른 판단을 얻고
판단 결과에 따라
그른 것은 버리고 옳은 것은 취하는
결단을 내린다.

마음챙김못챙김 대조표

조항		1	2	3	4	5	6	7	8	9	10	11	12	13	14
	챙김														
	못챙김														
	챙김														
	못챙김														
	챙김														
	못챙김														
	챙김														
	못챙김														
	챙김														
	못챙김														

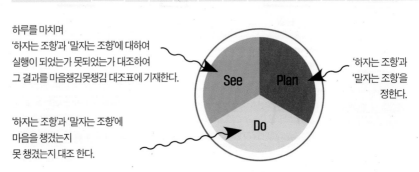

하루를 마치며
'하자는 조항'과 '말자는 조항'에 대하여
실행이 되었는가 못되었는가 대조하여
그 결과를 마음챙김못챙김 대조표에 기재한다.

'하자는 조항'과 '말자는 조항'에
마음을 챙겼는지
못 챙겼는지 대조 한다.

See

Do

Plan

'하자는 조항'과
'말자는 조항'을
정한다.

나와의 약속을 잘 지키면 나를 신뢰할 수 있고, 나를 신뢰하면 무엇이든 해낼 수 있는 자신감이 생긴다.

15	16	17	18	19	20	21	22	23	24	25	26	27	28	29	30	31	합계

	처음할 때			능숙해졌을 때		
	마음챙김	마음못챙김		마음챙김	마음못챙김
기준	그 일이 잘되었든지 못되었든지 챙기는 마음, 즉 주의심을 챙겼다.	그 일이 잘되었든지 못되었든지 챙기는 마음, 즉 주의심을 놓쳤다.	기준	주의심을 챙겼고, 실제로 하기로 한 일의 결과가 좋았다.	하기로 한 일을 실행은 하였으나, 결과가 좋지 않았다.
예시	공부할 때 스마트폰을 확인하지 않기로 한 것을 기억했다.(실제로는 스마트폰을 확인했다.)	공부할 때 스마트폰을 확인하지 않기로 한 것을 완전히 잊어 버렸다.	예시	공부할 때 스마트폰을 확인하지 않기로 한 것을 기억했고, 실제로도 스마트폰을 확인하지 않았다.	공부할 때 스마트폰을 확인하지 않기로 한 것을 기억했으나, 결국 스마트폰을 확인했다.

진로탐색: 나의 꿈을 찾아서

꿈 DREAM

동사형 꿈

실현 가능한 직업 JOB

직업 선택의 분류(해당되는 것에 표기)

(1) 자기 삶을 유지시켜 주는 직업
(2) 이 세상에 이로움을 주는 직업
(3) 이 세상에 해로움을 주는 직업

직업관 변환을 위해 현재 준비해야 할 것

동사형 꿈 작성

(1) 나는 이 세상을 어떤 세상으로 만들고 싶은지 적어 본다.
(2) 나는 어떤 사람이 되고 싶은지 적어 본다.
(3) 내가 갖고 싶은 직업(명사)을 동사로 바꾸어 본다.

진로설계를 도와줄
멘토와 동지 MENTOR

꿈의 인테리어 INTERIOR

내적 요인			내적 요인
자기 자신에 관한 것 제거해야 할 점			자기 자신에 관한 것 보완해야 할 점
	방해 요인	필수 요인	
외적 요인 방해 요인	필수 요인	**외적 요인**	
나를 둘러싼 불필요한 환경			나를 둘러싼 이로운 환경

내가 사는 작은 집

방법

1 나의 울 발견: 내가 사는 작은 집 안에는 무엇이 들어올 수 있는지 적어 본다.

2 나의 울 밖에는 무엇이 있는지 생각해 본다.

3 워크시트를 절취하여 종이비행기를 접는다.

4 "이 세상은 나의 집"이라고 외치며 종이비행기를 날린다.

5 내가 사는 작은 집의 울을 벗어 버리면 이 세상이 나의 집이 됨을 확인한다.